읽고 묵상하는 성경 공부 시리즈 **믿음의 나무 4**
믿음의 뿌리 교실 2권

말씀의빛

읽고 묵상하는 성경 공부 시리즈 믿음의 나무 4
믿음의 뿌리 교실 2권

지은이/김연수
펴낸이/김하정
펴낸곳/말씀의빛
편집책임/김지훈
디자인/김지훈
출판신고/2025년 11월 24일 제2025-000008호
초판 1쇄 인쇄/2026년 1월 6일
초판 1쇄 발행/2026년 1월 15일

주소/인천 동구 화도진로187 만석비치타운 110동 1204호
전화/010-6323-2067
ISBN 979-11-996090-3-7

성경 공부 시리즈 「믿음의 나무」를 발간하면서

성경 공부 시리즈 「믿음의 나무」는 농부가 옥토를 찾아 '씨앗'을 심은 후에 '뿌리'를 내리고 '가지'를 뻗고 나서 '열매'를 맺듯이, 신앙의 기초에서 시작해서 성장을 거쳐 삶 속에서 믿음을 실천하도록 돕는 것을 목적으로 제작한 성경 공부 교재입니다. 필자는 목사 안수를 받은 후 교회 현장에서 16년의 목회 경험과 장년 성경 공부 10여 년의 인도 경험을 바탕으로, 말씀을 사랑하지만 어디서부터 시작해야 할지 몰라 머뭇거리는 성도들을 돕고자 이 시리즈를 집필하였습니다. 신앙 성숙의 원리를 구체적인 상황과 연결함으로써 '말씀을 아는 성도'에서 '말씀을 살아내는 제자'로 성장하도록 이끌고자 했습니다. 이 시리즈의 교재들을 배우고 익히면서 한 걸음씩 말씀을 따라가다 보면, 씨앗이 심겨지고 뿌리를 내리며, 가지를 풍성하게 뻗어서 아름다운 열매를 맺는 신앙 성장의 은혜를 누리게 될 것입니다. 본서에 인용된 모든 성경 구절은 「개역개정」을 따릅니다.

성경 공부 시리즈 「믿음의 나무」를 아래와 같이 구성했습니다. 본 교재는 2단계 : 『믿음의 뿌리 교실 Ⅱ권』입니다.

- 1단계 : 『믿음의 씨앗 교실 Ⅰ권』
  『믿음의 씨앗 교실 Ⅱ권』

- 2단계 : 『믿음의 뿌리 교실 Ⅰ권』
  『믿음의 뿌리 교실 Ⅱ권』

- 3단계 : 『믿음의 가지 교실 Ⅰ권』
  『믿음의 가지 교실 Ⅱ권』

- 4단계 : 『믿음의 열매 교실 Ⅰ권』

  『믿음의 열매 교실 Ⅱ권』

본 시리즈의 각 교재들은 '단계적 연속성'을 지닙니다. 따라서 1단계 Ⅰ권부터 4단계 Ⅱ권까지 여덟 권을 차례대로 공부하면 좋겠지만, 그렇다고 해서 반드시 순서를 따를 필요는 없습니다. 어느 단계의 교재이든지 마음이 가는 것을 골라서 하나님 말씀을 배우고 묵상하면서 순종으로 이어 가겠다는 마음이면 충분합니다.

필자는 본 시리즈의 교재들을 우선적으로 개인이 하루에 한 과씩 정독하고 묵상하면서 공부하도록 설계하였습니다. 교재의 내용들을 연속으로 읽어 내려가기보다는, 조용한 장소를 찾아서 하루에 한 과씩 내용을 읽고 묵상하신 후에 마지막 단락에 있는 "성경 공부를 통해서 얻은 통찰 메모하기"로 마무리하시길 권합니다. 아울러 본 교재는 소그룹 나눔과 강의식 성경 공부에도 무리 없이 활용할 수 있도록 내용이 구성되어 있습니다. 개인 학습으로 다져진 통찰을 공동체와 함께 나누되, 리더의 강의와 토론을 통해 이해를 확장하고 교재에 있는 여러 나눔의 내용들을 소그룹 안에서 나누실 것을 권합니다. 이러한 나눔과 피드백의 선순환이 배움이 생활의 습관으로 이어지도록 도움을 줄 것입니다.

시리즈의 각 교재들마다 '나눔 거리'(객관식과 주관식)를 풍성하게 담아서, 독자들이 배운 내용을 공부하는 자리에서 되새기면서 적용하도록 하였습니다. '나눔 거리'는 성경 지식을 머리에만 머물지 않고, 마음과 삶으로 옮겨가도록 돕는 통로가 됩니다. 나눔을 통해서 말씀이 구체적인 삶의 적용점으로 이어지며, 나아가서 '개인의 깨달음'이 '공동체의 지혜'로 확장되는 징검다리가 될 것입니다. '나눔 거리'는 대부분 객관식으로서, 객관식 나눔의 답이 하나일 때도 있고 여러 개일 때도 있고 전부일 때도 있습니다. 주관식 나눔도

일부 들어가 있는데, 주관식 나눔의 목적을 교재의 내용을 묵상하는 중에 나눔을 천천히 읽고 곰곰이 생각해 보는 과정을 가짐으로써, 사고의 폭이 넓어지고 삶의 실천으로까지 나아가도록 하는 데에 두었습니다. 교재의 마지막 부분에 객관식 나눔의 답과 주관식 나눔에 대한 예시 답변을 실어놓았으니, 묵상을 마치신 후에 참조하시면 되겠습니다.

본 시리즈는 '지식'을 넘어 '삶'으로 이어지는 믿음의 여정으로 안내하는 것에 주안점을 두었습니다. 본 시리즈의 교재들이 독자들에게 하나님과의 관계를 다시금 점검하면서, 흔들림 없는 믿음으로 나아가도록 그 토대를 세워줄 것입니다. 바라기는 본 시리즈의 교재들을 접하는 모든 이들이 말씀의 반석 위에 굳건히 서며, 신앙 공동체 안에서 함께 믿음의 성장을 이루어가는 기쁨을 누리게 되기를 소망합니다.

본 교재(『믿음의 뿌리 교실 Ⅱ권』)는 11주 과정으로서, 성경의 핵심적인 주제들을 이해하면서 신앙의 뿌리를 견고히 세우는 여정입니다. 전반부에서는 Ⅰ권에서 다룬 성경의 핵심 주제들에 이어서, 기독교 인간관과 원죄의 결과를 살피면서 인간의 실상을 직면합니다. 그리고 하나님의 구원계획과 삼위하나님의 협력 사건, 그리고 구원의 시제성과 확신을 다룹니다. 이어서 교회의 정의와 존재 목적, 의식과 역할, 교회의 다양한 조직과 이미지를 다루면서 교회의 의미를 배웁니다. 마지막으로 개인의 종말과 중간 상태, 예수 그리스도의 재림과 징조, 그리고 신앙인의 종말론적 삶과 천년왕국을 살펴보면서 성도들의 믿음의 궁극적 소망을 확인합니다. 『믿음의 뿌리 교실 Ⅱ권』의 목적은 기독교의 핵심이 되는 여러 주제들을 배우면서 독자들이 교리적 분별력을 키우고 신앙적인 깊이를 더하는 데에 있습니다.

원고 집필 과정 내내 관심과 기도로 응원해 주신 모든 분들께 감사를 드립니다. 특별히 광성교회에서 10년간 성경 공부를 인도할 수 있도록 배려해 주

신 남광현 위임목사님께 감사드립니다. 목사님의 관심과 넓은 배려 속에서
풍부한 성경 공부 경험을 쌓을 수 있었습니다. 그리고 지난 10여 년 동안 저
의 성경 공부 강의에 성실하게 참여하신 광성교회의 여러 성도님들께도 감
사드립니다. 바쁜 목회 일정 속에서도 본 교재의 디자인을 맡아 주신 김지훈
목사님께 깊이 감사드립니다. 세심한 미감과 구조화 덕분에 글의 내용의 가
독성과 전달력이 한층 높아졌습니다. 본문을 정성껏 교정해 준 동생 김지연
집사에게도 감사의 마음을 전합니다. 꼼꼼하게 오타를 점검하면서 문장을
다듬어줌으로써 글의 정확성과 품격이 크게 향상되었습니다.

　바라기는 이 작은 책이 하나님을 사랑하는 독자들의 신앙 여정에 따뜻하
고 섬세한 동반자가 되기를 바랍니다.

2025년 11월 24일
김 연 수

이 책을 개인적으로 공부하는 방법

(매일 또는 한 주에 한 과씩 10주 과정으로 읽고 묵상하실 것을 권합니다.)

1. 공부 준비(3분): 교재와 함께 필기구를 준비하고 조용한 장소를 찾아서 기도를 한 후에 성경 공부를 시작합니다.

2. 개요 파악(5분): "학습 포인트"를 읽은 후에 해당 과가 어떤 소제목들과 내용으로 구성되어 있는지를 훑어보면서 파악합니다.

3. 본문 읽기(20분): 본문을 정독해서 읽어 내려가는 중에 핵심 문장들에 밑줄을 긋고 그 의미를 새겨봅니다.

4. "함께 나누어요"(17분): 본문의 마지막 항목마다 "나눔 거리"가 들어가 있습니다. 정답 유도형 나눔이 아니라 자기반성적이고 성찰적인 성격의 나눔입니다. 읽은 본문을 근거로 답을 찾도록 구성되어 있어서, 객관식 나눔의 정답을 쉽게 찾을 수 있습니다. 객관식 나눔에서는 정답과 틀린 답변들을 보면서, 나와 내가 속한 공동체가 어떤 모습을 띠는지를 잠깐씩 돌아보는 시간을 갖습니다. 주관식 나눔에서도 특별히 답을 찾으려 하지 말고 나눔의 의도가 어디에 있는지를 생각해 보는 정도이면 좋습니다. 중요한 것은 '정답'보다 '진심 어린 성찰'입니다. 교재의 마지막에 "함께 나누어요 - 정답"을 실어놓았으니, 성경 공부를 마친 후에 정답을 비교해 보시면 되겠습니다.

cf) 객관식 나눔의 정답이 하나일 때도 있고 여러 개일 때도 있습니다.

5. 통찰 메모와 마무리 기도(10분): 성경 공부를 마치면서 공부한 내용을 머리에 떠올리면서 마지막 메모 란에 "통찰"을 적습니다. 이때 통찰에 주중 실천 사항 한 가지 정도가 포함되면 좋습니다. 통찰을 기록한 후에 기도로 마무리하면서 성경 공부를 마칩니다.

이 책을 소그룹에서 공부하는 방법

(소그룹 리더용 - 한 주에 한 과씩 10주 과정으로 읽고 묵상하실 것을 권합니다.)

1. 오프닝 & 기도(5분): 리더가 소그룹 멤버들을 환영하고 서로 인사를 나누도록 한 후에 기도로 성경 공부를 시작합니다.

2. 개요 파악(5분): 리더가 소그룹 멤버들과 함께 "학습 포인트"를 읽으면서 해당 과가 어떤 소제목들과 내용으로 구성되어 있는지를 훑어보면서 파악하도록 이끕니다.

3. 본문 읽기(20분): 리더는 성경 공부 전에 본문의 각 소제목에서 핵심 설명이 무엇인지를 미리 파악하면서 요점을 파악하셔야 합니다. 성경 공부 시미리 파악한 요점을 간략하게 설명합니다.

4. "함께 나누어요"(20분): 본문의 마지막 항목마다 "나눔 거리"가 들어가 있습니다. 정답 유도형 나눔이 아니라 자기반성적이고 성찰적인 성격의 나눔입니다. 읽은 본문을 근거로 답을 찾도록 구성되어 있어서, 객관식 나눔의 정답을 쉽게 찾을 수 있습니다. 객관식 나눔에서는 리더가 정답과 틀린 답변들을 가지고 지체들이 자신들의 신앙생활이 어떤지를 돌아보도록 이끌어야 합니다. 주관식 나눔에서도 특별히 답을 찾으려 하지 말고, 리더가 나눔의 의도가 어디에 있는지를 지체들이 생각하도록 이끄는 정도이면 좋습니다. 중요한 것은 '정답'보다 '진심 어린 성찰'입니다. 교재의 마지막에 "함께 나누어요 - 정답"을 실어놓았으니, 성경 공부를 준비하실 때 정답을 참조하면서 나눔의 방향성을 잡으시면 되겠습니다.

cf) 객관식 나눔의 정답이 하나일 때도 있고 여러 개일 때도 있습니다.

5. 통찰 메모와 마무리 기도(10분): 리더는 성경 공부를 마치면서 지체들이 공부한 내용을 머리에 떠올리면서 메모란에 "통찰"을 적도록 인도합니다. 지체들이 적은 통찰을 소그룹에서 짧게 나눈 후에 기도로 마무리하면서 성경 공부를 마칩니다.

추천의 글 1

김 명 용 (前 장로회신학대학교 총장, 온신학아카데미 원장)

김연수 목사가 성경 공부 시리즈 「믿음의 나무」(1-8권)를 펴내게 됨을 진심으로 기쁘게 생각합니다. 이 시대의 한국교회 성도들에게 꼭 필요한 성경 공부 교재입니다. 성경 지식을 전달하는 데만 머무르지 않고, 말씀을 삶으로 살도록 하는 실제적 동력을 제공해 줍니다. 매 과마다 학습 포인트를 먼저 제시하면서 본문과 나눔과 적용의 구조로 명확하게 이루어져 있어서 누구나 부담 없이 혼자서 이 교재를 읽으면서 공부할 수 있습니다. 나아가서 새가족반(기초반), 양육자반(중급반), 성숙자반(상급반) 등 다양한 소그룹 성경 공부 교재로도 손색이 없습니다. 교회 교육의 표준을 찾는 분들에게, 저는 확신을 가지고 이 시리즈를 추천합니다. 성경 공부 시리즈 「믿음의 나무」가 각 교회와 가정에서 성도들의 믿음의 토대를 깊게 세우고, 예수 그리스도의 제자의 삶을 일상 속에서 풍성하게 살아가도록 이끌기를 소망하면서 기쁨으로 본서를 권합니다.

정 성 진 (거룩한빛광성교회 은퇴목사, 실천신학대학원대학교 총장)

교회에서 예배 다음으로 중요한 것이 성경 공부요 목사의 사역 중 설교 다음으로 성경을 가르치는 것이 중요합니다. 성경 공부 교재를 만드는 분들은 대부분 기독교교육 전공자들이고, 성서학을 전공하는 분들이 간혹 있습니다. 그런데 김연수 목사는 조직신학박사입니다. 조직신학자로서 방대한 분량의 성경 공부 교재를 발간한 일은 매우 드문 경우입니다. 김연수 목사의 목회 여정을 살펴보니 광성교회 부목사로서 성인 성경 공부를 9년간 인도하면서 그 경험을 바탕으로 시리즈별 성경 공부 82주 과정의 방대한 교재를 집필한 것임을 알게 되었습니다. 조직신학자가 집필한 성경 공부 교재답게 기초과정, 중급과정, 상급과정, 성숙자과정으로 체계적으로 잘 구성되어 있음을 보았습니다. 성인 성경 공부 교재가 부족한 한국교회에 매우 반가운 일입니다. 김연수 목사의 노고를 치하드리며 한국교회 성숙에 크게 이바지하게 될 것을 믿어 기쁨으로 추천하는 바입니다.

윤 철 호 (장로회신학대학교 명예교수)

성경 공부 시리즈 『믿음의 나무』는 신앙의 기초를 든든히 세우고 싶은 모든 성도에게 꼭 필요한 성경 공부 교재입니다. 저자의 풍부한 목회 경험이 담긴 이 책은 말씀을 알고-묵상하고-살아내는 신앙의 여정을 따뜻하게 안내합니다. 하루 한 과씩 묵상하도록 설계된 구성과 풍성한 나눔 요소는 개인 학습은 물론 소그룹 공부에도 탁월합니다. 신앙의 씨앗이 자라 뿌리를 내리고 열매 맺도록 돕는 귀한 도구로서, 말씀 앞에서 다시 출발하고자 하는 모든 분께 기쁘게 추천합니다.

추천의 글 4

최 윤 배 (前 장로회신학대학교 조직신학 교수/現 객원교수)

추천인은 김연수 박사님의 옥저, 성경 공부 시리즈 『믿음의 나무』(8권)를 크게 두 가지 이유에서 모든 평신도들과 신학도들과 목회자들에게 강력하게 기꺼이 추천드립니다.

첫째, 저자가 김연수 박사님이기 때문입니다. 추천인은 그의 장로회신학대학교 학부(Th. B.)와 신학대학원 교역학석사(M. Div.) 과정에서 만난 이후, 그의 조직신학 전공 신학석사(Th. M.) 학위논문과 신학박사(Th. D.) 학위논문 지도교수로 함께 하였습니다. 그리고 그는 조교로서 추천인을 옆에서 직접 돕기도 하였습니다. 오랫동안 가까이서 경험한 김연수 박사님은 한결같이 성실하고 신실한 믿음의 신학도이며, 전도사며, 목사며, 신학자였습니다.

둘째, 본서의 내용과 저술 방법 때문입니다. 이 땅에 수많은 신앙 서적들이 있지만, 아쉬움을 가진 서적들이 많습니다. 내용이 난해하거나 부실한 경우가 적지 않습니다. 그러나 김연수 박사님의 『성경 공부 시리즈』는 내용이 아주 성경적이고 복음적인 동시에, 신앙백과사전과 같은 방대한 성경과 교리 내용이 아주 간결하고도 명쾌하게 진술되어 있습니다. 이에 본서를 평신도와 신학도와 목회자 모두가 읽고 배우며 삶과 교회에 실천하길 바라면서, 한국교회의 성숙을 위해 자신 있게 추천합니다.

추천의 글 5

신 옥 수 (장로회신학대학교 조직신학 교수)

하나님의 신실한 종 김연수 목사가 성경 공부 교재를 출간하게 됨을 진심으로 축하드립니다. 건강한 신앙과 탄탄한 신학적 지식을 바탕으로 짜임새 있게 구성된 책이라고 생각합니다. 무엇보다도 하나님의 말씀을 사랑하고 교회를 사랑하는 마음이 가득 담겨 있습니다. 다양한 주제를 통해 신앙의 기초를 쌓을 수 있도록 풍성한 말씀의 식탁을 베풀고 있습니다. 말씀을 묵상하고 함께 나눔으로써 성도들의 실제 생활에 적용할 수 있도록 구성되었습니다.

김목사님은 장로회신학대학교 대학원에서 조직신학 박사 학위를 취득했는데, 누구보다도 탁월하고 성실하며 근면한 모습을 보여주었습니다. 10여 년 동안 교회 현장에서 성도를 사랑하고 섬기는 한결같은 자세로 성경 공부를 인도해왔으며, 이제 그 열매를 한국교회 앞에 내놓게 되었습니다. 본 저서가 하나님의 말씀에 대한 열정을 지닌 성도들에게 마른 가뭄에 생수처럼 다가갈 수 있기를 바랍니다. 성도들의 삶의 변화를 낳는 소중한 기회를 제공함으로써 말씀 공동체의 성숙을 위한 디딤돌이 되기를 기대합니다.

추천의 글 6

남 광 현 (광성교회 위임목사)

김연수 목사님은 제가 아는 목사님들 중 가장 목사님다운 목사님 중 한 분입니다. 우리 교회 청년부를 맡으면서부터 알게 되어 지금까지 10년을 같이 동역한 목사님입니다. 그런데 그렇게 선할 수 없습니다. 목사님은 학창 시절 공고 출신으로서 학교 다닐 때 모자를 삐딱하게 쓰고, 가방에 연장을 들고 다녔고, 그리고 성인이 되어서는 인천 당구 300 정도였다 합니다. 예수님을 만나기 전의 김연수는 어떤 사람이었을까, 가히 짐작이 갈 것입니다. 그러나 제가 지난 10년 동안 경험한 김연수 목사님은 정말 선한 목자입니다. 그렇다면 무엇이 그를 이렇게 변화시켰을까? 예수님입니다. 그분의 말씀입니다.

이번에 출간하는 성경 공부 시리즈 「믿음의 나무」는 그것을 보여줍니다. '씨앗'에서부터 시작하여 '뿌리', '가지', 그리고 '열매'에 이르는 변화! 그 내용은 오늘의 김연수 목사를 가능하게 한 하나님을 향한 그의 신앙고백과도 같습니다. 그가 공부했고, 그가 살았고, 그가 경험했고, 이제 묻고 답하는 과정 속에서 알아가게 되는 하나님입니다.

김연수 목사님은 조직신학 박사이기도 하지만, 우리 광성교회에서 수년간 목회와 성경 공부 사역을 성심을 다해 섬겨 온 목자입니다. 이 책은 김연수 목사님의 신학적 고민과 목회적 통찰이 알차게 담긴 결실입니다. 본 시리즈는 성경 본문에 기초해서 교리와 삶을 유기적으로 연결하며, 개인 묵상과 소그룹 나눔이 자연스럽게 맞물리도록 설계되어 있습니다. 질문과 적용이 선명하고 한국교회 현실에 맞춘 예시들이 독자들의 일상 속 순종을 구체적으로 이끌어줍니다. 말씀을 '아는 것'에서 멈추지 않고 '따르는 것'으로 이끄는 구조가 돋보이며, 교회 공동체가 같은 언어로 복음을 고백하고 실천하도록 돕는 좋은 커리큘럼입니다.

저는 본 시리즈가 우리 교회의 성도들뿐 아니라 한국교회 곳곳의 소그룹과 교육부서에서 널리 쓰이기를 진심으로 권합니다. 김연수 목사의 신실한 신앙과 탄탄한 연구가 만들어 낸 이 귀한 교재를 기쁨으로 추천합니다.

차 례

인간 이야기

1과. 인간 이야기(1)

1과. 인간 이야기(1)

1. 세속적 인간관의 다양한 유형과 한계를 비교하면서 살펴본다.
2. 성경이 인간을 하나님과의 관계 속에서 바라본다는 사실을 배운다.
3. 인간이 지닌 인격성과 도덕성과 창조성과 청지기성에 대해서 구체적으로 살펴본다.
4. 인간이 하나님께 받은 고유한 특성들을 삶 속에서 어떻게 실천할지를 살펴본다.

인간이란 무엇인가? 이 물음은 인간 존재의 정체성을 묻는 물음입니다. 인류는 역사 속에서 끊임없이 이 물음을 던져왔습니다. 이 질문은 단순히 철학적 호기심에 그치지 않고, 인간 존재의 의미와 목적을 찾고자 하는 깊은 탐구의 시작점이 됩니다. 세속적인 인간관은 이 질문 앞에서 인간을 물리적 존재로 이해하면서, 인간의 본성과 가치가 과학적이고 사회적인 기준에 의해서 결정된다고 주장합니다. 반면 성경적인 인간관은 이 질문 앞에서 인간을 하나님께서 창조하신 존재로 봅니다. 인간이 하나님의 형상대로 지음받은 존귀한 존재라는 것이 성경적 인간관의 핵심입니다. "4 사람이 무엇이기에 주께서 그를 생각하시며 인자가 무엇이기에 주께서 그를 돌보시나이까 5 그를 하나님보다 조금 못하게 하시고 영화와 존귀로 관을 씌우셨나이다"(시 8:4-5). 이 두 관점은 인간의 본질과 목적을 바라보는 데 있어서 근본적인 시각 차이가 있으며, 인간의 가치관과 삶에 상반된 영향을 미칩니다. 인간을 이해하는 데 있어서 이 두 관점을 비교하는 것이 필요합니다.

1. 세속적 인간관(Secular View of Humanity)

① 물질주의적 인간관(Materialistic View)

물질주의자들은 인간을 육체적이고 물질적인 측면에서만 파악하고자 합니다. 물질주의자의 대표적인 예는 진화론자들입니다. 그들은 인간이 하나의 살아있는 세포(living cell)에서부터 시작해서 어떠한 과정을 거쳐서 현재의 인간으로 진화된 것이라고 주장합니다. 물질주의자들은 인간의 존재와 발전을 단순히 물리적인 법칙과 우연적인 과정을 통해서만 설명하려고 합니다. 그들은 인간의 정신과 영혼과 도덕적 가치 등을 모두 생리학적이고 생화학적인 현상으로 축소시킵니다('환원론적 물리주의'). 인간을 단순히 물질적 구성요소로만 이해하면서, 인간의 생명은 자연의 법칙에만 지배를 받는다고 주장합니다.

이러한 접근은 인간의 고유한 목적이나 존재의 의미를 간과할 수밖에 없습니다. 물질주의는 인간의 존재를 단순히 기계적인 과정으로 축소시켜서, 인간이 가진 고유한 도덕적이고 영적 특성을 제대로 이해하지 못하게 만드는 한계를 지닙니다.

함께 나누어요 ❶

정신적이고 영적인 측면은 인간의 정체성에서 중요한 부분입니다. 이것을 무시할 때 나타날 수 있는 문제에 무엇이 있을까요?

① 삶의 의미와 목적을 잃고 방황하게 된다.
② 표면적이고 얕은 관계에 머물게 된다.
③ 위기와 고난 앞에서 쉽게 무너진다.
④ 세상의 가치관에 쉽게 휩쓸린다.

---

② 이성주의적 인간관(Rationalistic View)

이성주의자들은 인간을 오직 정신(내지 이성)적인 측면에서만 파악하고

자 합니다. 그들은 단순히 인간이 가진 이성과 합리적 사고에 기초해서만 인간을 파악하려고 합니다. 그들도 물질주의자들처럼 감정이나 영적인 요소가 인간의 중요한 부분이 아니라고 얘기합니다. 이러한 요소들을 불필요하거나 비합리적이라고 봅니다. 이성적인 관점의 인간 이해도 물질주의자들처럼 인간 존재의 복합성을, 특히 감정과 영혼의 역할을 무시하는 한계를 지닙니다. 이성이 인간의 중요한 한 부분인 것은 맞지만, 그렇다고 해서 이성을 인간의 전부로 볼 수는 없습니다. 인간은 이성과 감정과 본능과 영적 차원이 결합된 '복합적인 존재'입니다.

인간을 이성과 함께 감정과 본능과 영적 측면도 함께 가진 복합적인 존재로 이해해야 합니다. 이러한 인간관을 가질 때 얻는 유익에 무엇이 있을까요?

① 다른 사람의 행동을 더 깊이 이해할 수 있다.

② 판단보다 공감부터 하게 된다.

③ 신앙생활이 나의 삶 전반에 골고루 영향을 미침을 알게 된다.

④ 갈등 상황에서 원인을 더 정확하게 파악할 수 있다.

③ 실용주의적 인간관(Pragmatic View)

실용주의자들은 인간을 기능적인 측면에서만 파악하고자 합니다. 그들에게 있어서 중요한 것은 인간이 감당하는 역할(내지 '결과', '업무', '성과' 등)입니다. 그들은 인간의 가치가 그가 수행하는 역할이나 업무의 성과에 의해서 결정된다고 봅니다. 인간이 얼마나 효율적으로 일을 처리하고, 결과를 만들어 내는지에만 집중합니다. 따라서 그들은 개인의 내면적 가치나 존재의 의미보다는 외적인 성취와 결과에 더 큰 가치를 부여합니다. 하지만 역할이나 업무나 성과가 인간의 전부는 아닙니다. 인간은 자신의 역할을 감당하면서 의미를 발견하는 존재입니다. 의미를 찾음에 있어서 인간에게 '여가'나 '휴식'과 '오락'도 중요한 수단이 됩니다.

인간은 단순히 업무와 성과로만 평가될 수 없습니다. 업무 외에도 여러 중요한 것들이 있습니다. 인간에게 관계와 여가와 휴식과 오락도 중요합니다. 이것들이 중요한 이유가 무엇인가요?

① 이러한 이해가 인간을 전인적으로 건강하도록 하기 때문에

② 스트레스와 소진을 예방하기 때문에

③ 삶에 균형과 기쁨을 주기 때문에

④ 관계 속에서 사랑과 유대를 깊게 하기 때문에

이러한 측면들을 무시할 때 생길 수 있는 문제에 무엇이 있을까요?

① 정서적-영적 탈진

② 인간관계의 단절

③ 일에 대한 열정 상실

④ 하나님이 주신 삶의 기쁨 상실

2. 성경적 인간관(Biblical View)

세속적인 인간관과 달리, 성경은 우리 인간을 하나님과의 관계에서 다룹니다. 하나님과의 관계성 속에서 우리 인간의 정체성을 규명합니다. 종교개혁자 칼빈은 다음과 같이 말했습니다. "하나님에 대한 참된 지식이 없이 인간에 대한 참된 지식은 있을 수 없다." 칼빈이 주장하는 것처럼 인간은 하나님과의 관계 속에서 자신의 의미를 발견하는 존재입니다.

이제 성경이 가르쳐 주고 있는 인간에 대해서 살펴보겠습니다. 성경은 진화론자들의 주장과 상반된 가르침을 제시합니다. 진화론자들은 인간을 단순

히 진화의 산물로 보지만, 성경은 인간을 하나님의 창조물로 봅니다. 이러한 인간관이 창세기 1장과 2장에 나와 있습니다. 다음의 말씀이 하나님의 인간 창조에 있어서 우리가 주목해야 하는 말씀입니다.

[창세기 1:27]
"하나님이 자기 형상 곧 하나님의 형상대로 사람을 창조하시되
남자와 여자를 창조하시고"

[창세기 2:7]
"여호와 하나님이 땅의 흙으로 사람을 지으시고
생기를 그 코에 불어 넣으시니 사람이 생령이 된지라"

이 말씀들을 종합했을 때, 우리는 인간이 하나님의 창조 행위에 의해서 만들어졌음을 알 수 있습니다. 인간은 하나님에 의해서 하나님의 형상대로 지음을 받았습니다. 남자만이 아닙니다. 남자와 여자 모두 하나님의 형상대로 지음을 받았습니다. 우리는 성별에 관계없이, 연령에 관계없이, 빈부에 관계없이, 신분에 관계없이 남자와 여자 모두가 하나님의 형상을 닮은 고귀한 인격체인 것을 기억해야 합니다. 모든 인간은 하나님의 형상을 닮은 고귀한 존재입니다.

> **함께 나누어요 ❺**
>
> 모든 인간은 하나님의 형상대로 창조된 고귀한 존재입니다. 따라서 나 자신도 존중해야 하고, 다른 사람도 존중해야 합니다. 신자와 비신자 모두가 존중받아야 하는 대상입니다. 성별과 연령과 신분과 빈부에 관계없이 모든 인간은 동일한 가치를 지닙니다. 이러한 인간관을 올바르게 펼쳐내기 위해서 교회 공동체에 요구되는 것이 무엇인가요?
>
> ① 성별과 연령과 신분과 빈부에 따른 차별을 없애기
> ② 모든 사람을 하나님의 시선으로 바라보기
> ③ 다양한 배경을 가진 사람을 환영하는 문화 만들기

또한 2장 7절 말씀이 가르쳐 주고 있듯이 인간의 영혼은 하나님의 호흡에 기원합니다. 하나님은 흙을 가지고 인간의 육체를 만드셨습니다. 하나님께 지음을 받은 우리 인간이 어떤 특성을 가지고 있을까요?

① 인간, 인격성을 지닌 존재(Personality)

인간은 인격의 세 가지 요소, 즉 지성과 감성과 의지를 지닌 존재입니다. 인격의 세 가지 요소는 다른 피조물들에서는 발견될 수 없는 것으로서, 인간만의 독특한 특성입니다. 인간은 지성을 통해서 생각하고, 감성을 통해서 느끼며, 의지를 통해서 결정을 내립니다. 이 세 가지 요소는 인간의 고유한 특성으로, 삶의 방향과 목적을 설정하는 데 있어서 중요한 역할을 합니다. 인간과 다르게 다른 피조물들은 삶의 목적과 방향성을 추구하지 않습니다. 그들에게는 단지 생존이 본능적인 목적이 될 뿐입니다.

우리 인간이 가지고 있는 인격의 세 가지 요소의 기원이 누구에게 있을까요? 그 기원은 인간을 만드신 하나님께 있습니다. 인격적 특성을 가지고 계신 하나님께서, 우리 인간을 당신처럼 인격적 존재로 만드셨습니다. 하나님은 지성과 감성과 의지를 지니신 인격적인 분으로서, 인간에게도 인격의 세 가지 요소를 주셨습니다. 인간의 인격성은 진화론자들이 얘기하는 것처럼 우연의 결과가 아닙니다. 하나님께서 의도와 목적을 가지고 주신 고귀한 특성입니다. 따라서 인간은 자기를 만드신 하나님과 인격적 관계성을 건강하고 풍족하게 맺어가야 합니다.

함께 나누어요 ❻

② 인간, 도덕성을 지닌 존재(Morality)

인간은 도덕성을 지닌 존재입니다. 전도서 기자는 하나님이 사람을 정직하게 지으셨다고 말씀합니다.

[전도서 7:29]
"내가 깨달은 것은 오직 이것이라 곧
하나님이 사람을 정직하게 지으셨으나
사람이 많은 꾀들을 낸 것이니라"

전도서 기자가 가르쳐 주듯이, 하나님은 우리 인간을 정직하고 선하게 지으셨습니다. 인간은 본래 도덕적으로 선하고 정직한 존재였습니다. 그러나 자유의지를 부여받은 인간은 스스로 잘못된 선택을 하면서 본래의 도덕성을 왜곡시켰습니다. 하나님이 지으신 정직함과 선함을 상실하면서, 자신의 꾀와 욕망에 따라서 잘못된 길을 선택했습니다. 이것이 인간이 보여주는 보편적인 모습입니다.

함께 나누어요 ❼

본래 도덕적이고 정직한 존재로 지음을 받았지만, 아쉽게도 역사 속에서 인간은 도덕적 불감증에 걸린 모습을 보편적으로 보여주었습니다. 인간이

③ 인간, 창조성을 지닌 존재(Creativity)

인간은 창조성을 지닌 존재입니다. 창조는 본래 하나님께만 속하는 하나님의 고유한 사역입니다. 하나님은 말씀으로 이 세계를 창조하셨습니다('무로부터의 창조', 창 1:1).

[창세기 1:1]
"태초에 하나님이 천지를 창조하시니라"

그리고 하나님께서는 인간을 만드시면서 당신의 창조를 인간에게도 허락하셨습니다. 따라서 인간도 무언가를 만들어 내는 창조적인 재능을 가지고 있습니다. 인류 역사 속에 인간이 만들어 낸 과학과 제도와 기술문명과 수많은 예술 작품 등이 있습니다. 이 모든 것들은 인간의 창조적 재능의 산물입니다. 하나님을 닮은 우리 인간은 창조적인 재능을 가진 존재입니다.

나의 재능을 가지고 무언가를 창조해 내는 것은 가치 있는 일입니다. 하지만 창조는 '이중의 가능성'을 갖습니다. 창조는 좋은 결과를 가져올 수도 있고, 나쁜 결과를 가져올 수도 있습니다. '이중의 가능성을 가진 인간의 창조 능력!' 여기에 해당되는 사례에 무엇이 있을까요?

인간의 창조가 이중의 가능성을 갖기에 무언가를 새롭게 만들어 내는 일에는 주의와 숙고가 요청됩니다. 새롭게 무언가를 만들어 낼 때 인간이 주의하고 숙고해야 하는 것이 무엇일까요?
① 그것이 하나님 뜻에 부합하는지를 묻기
② 인간에게 오래토록 유익을 주는지를 점검하기
③ 그 동기가 하나님께 영광을 돌리는 데 있는가를 묻기
④ 장기적으로 선한 결과를 낳을 수 있는가를 점검하기

④ 인간, 청지기적 존재(Steward-like Being)

인간은 청지기적 존재입니다. 하나님께서 인간을 창조하신 후에 인간에게 위탁하신 맨 처음 과제는 모든 생물을 다스리는 것이었습니다(창 1:28).

[창세기 1:28]
"하나님이 그들에게 복을 주시며 하나님이 그들에게 이르시되
생육하고 번성하여 땅에 충만하라, 땅을 정복하라, 바다의 물고기와
하늘의 새와 땅에 움직이는 모든 생물을 다스리라 하시니라"

이어서 하나님은 아담을 에덴동산에 두시면서, 그로 하여금 에덴동산을 경작하면서 지키게 하셨습니다(창 2:15).

[창세기 2:15]
"여호와 하나님이 그 사람을 이끌어 에덴동산에 두어
그것을 경작하며 지키게 하시고"

하나님께서 위탁하신 것을 우리는 '하나님이 우리 인간에게 부여하신 청지기적 사명'이라고 칭할 수 있습니다. 청지기적 사명은 하나님이 맡겨주신 여러 일들을 바르고 성실하게 감당하는 것을 가리킵니다. 인간은 맡겨진 일들을 성실하게 감당해야 하는 청지기적 존재입니다.

함께 나누어요 ⑪

청지기적 존재로서, 맡겨진 일을 할 때 어떤 자세를 가져야 할까요? 대답은 분명합니다. 맡겨진 일을 성실하고 책임감 있게 하는 것입니다. 맡은 일을 성실하게 감당한 결과가 '대부분' 어떻게 드러날까요?

① 하나님께 영광이 돌아간다.
② 사람들에게 신뢰와 존경을 받는다.
③ 더 커다란 업무를 맡게 될 수 있다.
④ 내 마음에 깊은 만족과 기쁨이 생긴다.

함께 나누어요 ⑫

그런데 성실하게 일 한 결과가 나에게 돌아오지 않는 것처럼 보일 때가 있습니다. 이런 순간을 맞았을 때 신자가 취해야 하는 바른 태도는 무엇인가요?

① 하나님이 보시고 기억하신다는 믿음을 붙든다.

② 말씀과 기도로 마음을 새롭게 한다.

③ 믿음의 동역자와 나누면서 격려를 받는다.

④ 받은 은혜를 기억하면서 마음을 추스른다.

지금까지 "인간 이야기"라는 주제로 성경 공부를 하였습니다. 성경 공부를 통해서 깨달은 점이나 마음에 남은 은혜나 새롭게 얻은 통찰을 간단하게 적어 보시기 바랍니다. 이 기록이 앞으로 하나님과 함께 걸어갈 믿음의 여정을 새롭게 준비하는 소중한 흔적이 될 것입니다.

예시

인간이 단순히 물질적 존재가 아니라, 하나님의 형상을 따라서 창조된 존귀한 존재임을 깨달았습니다. 하나님께서 주신 인격성과 도덕성, 창조성과 청지기 사명을 다시 생각하며, 내 삶의 목적과 방향을 새롭게 정립하게 되었습니다. 앞으로도 하나님과 깊은 관계 속에서 나 자신과 타인을 존중하면서 살아가겠습니다.

인간
이야기

2과. 인간 이야기(2)

1. 원죄가 무엇인가?

　① 원죄, 하나님 존재에 대한 불신

　② 원죄, 하나님 말씀에 대한 불순종

　③ 원죄, 인간의 어리석은 교만

2. 원죄의 결과가 무엇인가?

　① 원죄로 인해서 심리적인 변화가 생김

　② 원죄로 인해서 노동관이 바뀜

　③ 원죄로 인해서 환경적인 변화가 생김

　④ 원죄로 인해서 인격적인 변화가 생김

　⑤ 원죄로 인해서 죽음이 생김

2과. 인간 이야기(2)

앞에서 성경이 가르쳐 주고 있는 인간에 대해서 살펴보았습니다. 하나님의 형상을 닮은 우리 인간이 '인격적인'(관계적인) 존재이고 '도덕적인' 존재이며 '창조적인' 존재이고 '청지기적인' 존재인 것을 살펴봤습니다. 이제 인간을 논하면서 앞에서 배웠던 것과 상반되는 내용을 다루려고 합니다. 하나님의 형상을 닮은 고귀한 존재임에도 불구하고, 기독교는 인간을 하나님 앞에서 타락한 죄인이라고 규정합니다. 인간은 죄인입니다.

하나님 앞에서 타락한 죄인으로서의 인간상이 창세기 3장에 나옵니다. 창세기 3장은 아담과 하와가 에덴동산에서 하나님 말씀에 불순종한 사건을 소개하고 있습니다. 인간에게 이 사건은 역사성과 더불어서 새로운 깨달음을 요청합니다. 어떤 깨달음입니까? 인간이 하나님 앞에서 죄인이라는 깨달음입니다. 창세기 3장에서 우리는 모든 인간에게 해당되는 원죄(Original Sin)를 발견하게 됩니다. 기독교 인간론에 있어서 원죄를 올바르게 아는 것이 필수적입니다. 모든 인간에게 해당되는 원죄가 어떤 의미를 지니는지를 살펴보겠습니다.

기독교는 인간을 어떻게 바라보나요?

① 완전한 존재로 창조되었고 지금도 완전하다.

② 처음부터 죄인으로 창조되었다.

③ 하나님의 형상을 지녔지만 죄로 인해서 타락한 존재이다.

④ 동물보다 조금 나은 지적 존재이다.

1. 원죄가 무엇인가?(Original Sin)

① 원죄, 하나님 존재에 대한 불신(Distrust)

원죄는 최초의 인간들이 하나님께서 금하신 나무의 실과를 먹은 데서 비롯되었습니다. 이 행위는 하나님 존재(Being itself)에 대한 불신입니다. 하나님을 신뢰했다면 나무의 실과를 건드리지 않았을 것입니다. 따라서 신자가 진심으로 회심(conversion)을 할 때 나타나는 중요한 현상이 있습니다. 하나님을 불신하면서 살았던 과거의 모습을 진심으로 뉘우치는 모습이 그에게서 나타납니다. 기독교 신학은 이것을 다음과 같이 소개합니다. "신자는 회심할 때 하나님을 불신하며 살았던 과거의 죄를 깨닫고 진심으로 반성한다."

여기에 해당되는 사람이 신학자 어거스틴(Augustine)입니다. 그는 젊은 시절에 하나님을 불신하면서 여기저기 방황했습니다. 방탕한 삶을 살았고 세속적인 기쁨을 추구하면서, 마니교와 같은 이단 사상에 빠지기도 했습니다. 그러나 성경을 깊이 연구하고 기독교의 진리를 접한 후에 이 사람이 하나님 앞에서 진정으로 회심을 하게 됩니다. 어거스틴의 회심이 그의 책 『고백록』에 잘 나타나 있습니다. 그는 자신이 과거에 지은 죄와 하나님을 불신했던 삶을 깊이 반성하는 모습을 보여줍니다. 회심 후에 어거스틴은 심오하고 깊은 신학적 사상을 만들어서 오늘날까지 수많은 사람들에게 감명을 주고 있습니다.

② 원죄, 하나님 말씀에 대한 불순종(Disobedience)

앞에서 살펴본 것처럼 아담과 하와가 하나님 존재를 불신했고, 이 불신이 가져온 결과가 있습니다. 하나님 말씀에 불순종하는 결과를 가져옵니다. '하나님께서 하지 말라'는 말씀에 불순종하는 것이 원죄입니다. 원죄는 하나님을 불신하면서 그분의 말씀을 거부하고 거역하는 마음가짐입니다. 아담과 하와는 하나님께서 말씀하신 선악을 알게 하는 나무의 실과를 먹음으로써 하나님의 뜻을 거역하였습니다. 그들의 불순종이 인간 역사 전체에 부정적인 영향을 끼쳤습니다. 결과적으로 인간은 하나님과 관계가 단절되었고, 죄와 죽음이 세상에 들어오게 되었습니다.

③ 원죄, 인간의 어리석은 교만(Foolish Pride)

우리는 첫 사람들이 하나님 존재를 불신하면서 하나님 말씀을 거역한 이유가 어디에 있는지를 알아야 합니다. 두 사람의 불신과 거역은 "선악과를 먹게 되면 너희가 하나님 같이 될 것이라"는 사탄의 충동과 야합한 인간의 어리석은 교만에서 기인합니다(창 3:5). 교만해지면서 하나님의 영광을 가로채고자 하였습니다. 그 사람들의 교만은 하나님의 창조 질서를 거스르고, 자신을 하나님과 같은 존재로 세우려는 어리석은 시도입니다. 아담과 하와는 교만해지면서 자기중심적으로 선택을 하였고, 그로 인해서 죄와 죽음이 세상에 들어오게 되었습니다.

우리는 아담과 하와에게서 죄를 지은 후에 책임을 전가하는 어리석은 인간상을 발견하게 됩니다. 죄를 짓고 나서 발뺌하고 회피하면서 책임을 지려고 하지 않습니다. 왜곡된 인간상입니다. 이 문제에서 벗어나려면 어떻게 해야 할까요?

① 하나님과 사람 앞에서 나의 잘못을 인정하는 연습을 하기
② 변명이 가져오는 결과를 생각해 보기
③ 다른 사람을 탓하지 않으려고 노력하기
④ 말씀을 기준으로 나 자신을 늘 점검하기

2. 원죄의 결과가 무엇인가?(Result of Original Sin)

앞에서 하나님 앞에서 타락한 인간상에 대해서, 즉 원죄를 지은 인간상에 대해서 살펴봤습니다. 원죄는 하나님에 대한 불신이고, 하나님 말씀에 대한 불순종이며, 인간의 어리석은 교만입니다. 기독교 신학은 모든 사람이 원죄로부터 벗어날 수 없다고 이야기합니다. 모든 인간이 아담으로부터 원죄를 물려받았다고 단언합니다. 원죄로 인해서 인간과 환경에 생겨난 결과가 있

습니다.

① 원죄로 인해서 심리적인 변화가 생김(Psychological Change)

원죄로 인해서 심리적인 변화가 생겼습니다. 창세기 3장의 전반부는 원죄로 인해서 생겨난 인간의 심리적 변화들을 잘 설명하고 있습니다. 원죄로 인해서 우리 인간은 부끄러움을 느끼게 되었습니다(창 3:7).

[창세기 3:7]
"이에 그들의 눈이 밝아져 자기들이 벗은 줄을 알고
무화과나무 잎을 엮어 치마로 삼았더라"

원죄로 인하여 '하나님을 멀리하게' 되었습니다(창 3:8).

[창세기 3:8]
"그들이 그날 바람이 불 때 동산에 거니시는
여호와 하나님의 소리를 듣고
아담과 그의 아내가 여호와 하나님의 낯을 피하여
동산 나무 사이에 숨은지라"

원죄로 인하여 '두려움'을 갖게 되었습니다(창 3:10).

[창세기 3:10]
"이르되 내가 동산에서 하나님의 소리를 듣고
내가 벗었으므로 두려워하여 숨었나이다"

나아가서 원죄로 인하여 '책임을 전가'하게 되었습니다(창 3:12).

[창세기 3:12]
"아담이 이르되 하나님이 주셔서 나와 함께 있게 하신 여자 그가
그 나무 열매를 내게 주므로 내가 먹었나이다"

심리적인 변화를 은혜로 극복했을 때 얻게 되는 유익에 무엇이 있을까요?
① 하나님과의 친밀함 회복
② 마음의 자유와 평안
③ 다른 사람과의 관계 회복
④ 믿음의 성장이 촉진됨

② 원죄로 인해서 노동관이 바뀜(Understanding of Labor)

원죄로 인해서 노동관이 바뀌었습니다. 창세기 3장의 중반부는 원죄로 인해서 생겨난 육체적으로 변화된 증상들에 대해서 잘 설명하고 있습니다. 원죄로 인해서 여인은 산고의 고통을 겪게 되었고(창 3:16), 남자는 노동의 수고를 하게 되었습니다(창 3:17). 이것은 인간에게 노동관이 변질되었음을 가리킵니다. 타락 이전에 인간은 육체적으로 일을 하면서 즐거워하고 기뻐하는 존재였습니다. 그런데 타락 이후에 일에 대한 이해가 바뀌었습니다. '즐거운 노동'에서 힘들고 '고통스러운 노동'으로 바뀌었습니다. 그렇다면 원죄의 문제가 해결된 신앙인들은 어떠한 노동관을 가져야 할까요? 신앙 이전과 다른 성경적 노동관을 가져야 합니다. 신앙생활을 하기 전에 일에 대한 나의 이해가 힘들고 고통스러운 것이었다면, 신앙생활을 한 후에는 내가 감당하는 일들을 하나님께서 나에게 허락하신 귀한 일로 여겨야 합니다. 성실하게 일을 하면서 보람을 느껴야 합니다.

다음 중 타락 이전 인간의 '노동'에 대한 이해로 적절한 것은 무엇인가요?
① 고통스럽지만 피할 수 없는 의무
② 생존을 위한 필수조건

③ 하나님과 함께 하는 기쁨의 활동

④ 신분 상승을 위한 수단

'일'(노동)에 대한 나의 이해를 돌아보겠습니다. 내가 지금 감당하는 일에 대해서 어떤 생각을 가지고 있나요? 올바른 노동관을 갖기 위해서 나에게 무엇이 필요할까요?

③ 원죄로 인해서 환경적인 변화가 생김(Environmental Change)

원죄로 인해서 환경적인 변화가 생겼습니다. 성경은 땅('환경', '자연')도 인간의 원죄로 인해서 변화가 생겼다고 선언합니다. "땅이 네게 가시덤불과 엉겅퀴를 낼 것이다"(창 3:18). 타락 이전에는 축복받은 자연이었지만, 타락 이후 저주받은 자연으로 바뀌었습니다. 인간의 죄로 인해서 하나님이 창조하신 본래의 질서가 깨졌습니다. 그 결과 인간은 더 이상 자연과 조화롭게 살아갈 수 없게 되었고, 땀 흘리며 수고하는 삶을 피할 수 없게 되었습니다.

인간의 원죄 때문에 땅이 저주를 받아서 가시덤불과 엉겅퀴를 내게 되었다면, 우리 인간은 땅('자연', '환경')에 대해서 미안한 마음을 가져야 합니다. 미안한 마음을 가지고 환경회복을 위해서 노력해야 합니다. 가정과 교회와 직장에서 환경회복을 위해서 우리가 할 수 있는 일이 무엇일까요?

④ 원죄로 인해서 인격적인 변화가 생김(Personal Change)

원죄로 인해서 인격적인 변화가 생겼습니다. 원죄 때문에 변질이 된 인간의 인격적인 변화를 로마서 1장이 다음과 같이 선언합니다(롬 1:21-23).

[로마서 1:21-23]
"21 하나님을 알되 하나님을 영화롭게도 아니하며
감사하지도 아니하고 오히려 그 생각이 허망하여지며
미련한 마음이 어두워졌나니
22 스스로 지혜 있다 하나 어리석게 되어
23 썩어지지 아니하는 하나님의 영광을
썩어질 사람과 새와 짐승과
기어 다니는 동물 모양의 우상으로 바꾸었느니라"

원죄로 인해서 인격적인 변화가 생기면서 '인간의 지·정·의'가 바뀌었습니다. 지식적으로 하나님을 알지 못하게 되었습니다. 감정적으로 하나님께 대한 감각이 무뎌졌습니다. 의지적으로 하나님을 떠나서 자기 마음대로 살게 되었습니다. 그로 인해서 하나님을 멀리한 채 만들어지고 생겨난 것들을 숭배하게 되었습니다. 이러한 것들은 원죄로 인한 인격적인 변화의 산물들입니다.

함께 나누어요 ❾

원죄로 인한 인격적인 변화 중에서 내가 가장 경계해야 할 모습은 무엇인가요?
　　① 하나님을 아는 지식이 희미해지는 것
　　② 하나님께 대한 감사와 감격이 무디어지는 것
　　③ 하나님의 뜻보다 내 뜻을 우선하는 것
　　④ 피조물을 창조주보다 더 소중히 여기는 것

⑤ 원죄로 인해서 죽음이 생김(Death)

원죄로 인해서 생겨난 가장 큰 변화는 죽음입니다. 원죄로 인해서 '영적인 죽음'과 '육체적인 죽음'과 '영원한 죽음'(지옥)이 생겼습니다. 영적인 죽음은 하나님과의 관계가 끊어지는 상태를 의미합니다. 육체적인 죽음은 물리적으로 유한한 인간이 겪는 필연적인 현실이 되었습니다. 영원한 죽음인 지옥은 타락한 인간이 죄의 대가로 받는 궁극적인 심판이 되었습니다. '인간이 죽음을 두려워하는 존재가 된 것!' 이것은 원죄가 가져온 최악의 결과물입니다.

인간은 죽음의 현실을 수긍하고 받아들이면서 예수 그리스도를 믿고 따르는 '믿음'을 나의 것으로 삼아야 합니다. 그리고 하나님과 이웃을 '사랑'해야 합니다. 나아가서 영생에 대한 '소망'을 가슴에 품어야 합니다('천국 소망'). 그렇게 할 때 신앙인들은 죽음의 권세를 넘어서는 참된 자유와 평안을 누리게 됩니다.

함께 나누어요 ⑩

육체적인 죽음을 맞을 수밖에 없는 한계로 인해서 인간은 절망하면서 두려워하는 존재가 되었습니다. 이 두려움과 절망을 어떻게 소망으로 바꿀 수 있겠습니까?

① 예수님의 부활과 승리를 믿고 붙든다.
② 하나님의 약속을 마음에 새기고 묵상한다.
③ 영원한 생명을 향해서 믿음의 눈을 연다.
④ 성령님의 위로와 확신을 구한다.

지금까지 "인간 이야기"라는 주제로 성경 공부를 하였습니다. 성경 공부를 통해서 깨달은 점이나 마음에 남은 은혜나 새롭게 얻은 통찰을 간단하게 적어 보시기 바랍니다. 이 기록이 앞으로 하나님과 함께 걸어갈 믿음의 여정을 새롭게 준비하는 소중한 흔적이 될 것입니다.

예시

인간이 하나님의 형상을 따라 창조된 고귀한 존재임과 동시에 원죄로 인해서 깊이 타락한 죄인이라는 사실을 되새기게 되었습니다. 원죄의 결과로 나타난 심리적, 인격적, 환경적, 관계적인 왜곡이 오늘날 나의 삶에 여전히 영향을 미치고 있음을 깨달았습니다. 그럼에도 불구하고 예수 그리스도를 통한 회복의 소망이 있다는 사실이 큰 은혜로 다가왔고, 날마다 나를 돌아보며 살아가야겠다는 다짐을 하게 되었습니다.

구원 이야기

3과. 구원 이야기(1)

1. 하나님의 구원 계획
   ① 하나님의 예정
   ② 예수 그리스도의 성육신
   ③ 예수 그리스도의 공생애 활동
   ④ 예수 그리스도의 십자가 죽음
   ⑤ 예수 그리스도의 부활
   ⑥ 예수 그리스도의 승천
   ⑦ 예수 그리스도의 재림
2. 구원의 또 다른 이름들
   ① 소명
   ② 회심
   ③ 칭의
   ④ 중생
   ⑤ 양자됨
   ⑥ 영생

3과. 구원 이야기(1)

구원은 신자들에게 가장 중요한 영적 자산(asset)입니다. 신앙생활의 원동력입니다. 한평생 신앙생활을 해 왔다 하더라도 구원을 받지 못한다면, 그것만큼 안타까운 일은 없을 것입니다. 따라서 구원은 성경에서 핵심적인 주제에 속합니다. 구약 성경과 신약 성경 모두가 인간 구원을 목적으로 기록된 책이라고 얘기해도 과언이 아닙니다. 이것을 다음과 같이 정리할 수 있습니다. "성경은 인간 구원을 목적으로 기록된 하나님의 눈높이 책이다." 예수 그리스도께서 구원을 이루기 위해서 이 땅에 오셨습니다(마 1:21, 눅 19:10). 십자가에 달려서 고귀한 죽음을 맞으셨고 부활하셨습니다. 구원은 기독교의 진리를 진리 되게 만드는 핵심 요소입니다.

인간을 창조하신 하나님은 타락으로 인해서 인간이 당신과 단절된 채 살아가게 된 것을 가슴 아파하시면서 오래전에 구원을 계획하셨습니다. 인간을 구원하심으로 당신의 무한하신 사랑을 드러내시고 인간으로 하여금 당신과 영원한 교제를 누리도록 계획하셨습니다. 이것을 하나님의 구원 계획이라고 부릅니다.

기독교 신앙에서 '구원'은 어떤 의미를 갖나요?

① 하나님께 더 많은 복을 받기 위한 조건이다.

② 죽음 이후를 대비한 보험이다.

③ 신앙생활의 중심이자 원동력이다.

④ 종교 행사에 참여하기 위해서 필요한 자격 조건이다.

1. 하나님의 구원 계획(Plan of Salvation)

① 하나님의 예정(Predestination)

하나님께서는 나를 구원하실 것을 창세 전에 예정하셨습니다(엡 1:4-5).

[에베소서 1:4-5]
"4 곧 창세 전에 그리스도 안에서 우리를 택하사
우리로 사랑 안에서 그 앞에 거룩하고 흠이 없게 하시려고
5 그 기쁘신 뜻대로 우리를 예정하사
예수 그리스도로 말미암아 자기의 아들들이 되게 하셨으니"

이 말씀을 접하면서 하나님의 구원 계획의 심오함을 생각하게 됩니다. 우리 인간을 구원하시려는 하나님의 계획은 하루아침에 갑자기 이루어진 것이 아니라, 창세 전부터 미리 치밀하게 계획되었다가 시간이 됐을 때 실행된 계획입니다. 하나님의 예정은 신자를 향한 끝없는 사랑과 은혜의 표현입니다. 이 진리는 신자로 하여금 어떠한 상황에서도 흔들리지 않는 견고한 믿음의 근거가 됩니다. 우리 신앙인들은 창세 전부터 시작된 하나님의 구원 역사 속에 포함된 하나님의 자녀들입니다.

② 예수 그리스도의 성육신(Incarnation)

하나님은 죄의 형벌로부터 인간을 구원하시기 위해서 당신의 독생자(獨生子)이신 예수님을 이 땅에 보내셨습니다. 예수님의 성육신 사건입니다(成肉身). 성경은 완전한 하나님이신 예수님께서 이 땅에 완전한 사람으로 오셨다고 증언합니다(요 1:14).

[요한복음 1:14]
"말씀이 육신이 되어 우리 가운데 거하시매
우리가 그의 영광을 보니
아버지의 독생자의 영광이요 은혜와 진리가 충만하더라"

예수 그리스도의 성육신은 인간의 연약함을 몸소 체험하시면서 인간과 동행하시겠다고 결단한 하나님의 사랑의 결정체입니다. 성육신을 통해서 예수님은 하나님과 인간 사이의 유일한 중보자가 되셨으며, 우리에게 하나님 아버지께 나아갈 수 있는 길을 열어주셨습니다.

③ 예수 그리스도의 공생애(Public Ministry)

예수님은 이 땅에 오셔서 제자들과 함께 3년 동안 공동체 생활을 하시면서 사람들의 질병을 고쳐주셨고 말씀을 가르치시면서 하나님 나라를 선포하셨습니다. 예수님의 공생애 활동입니다(公生涯). 예수님은 공생애 기간 중에 기적과 표적을 통해서 하나님의 권능을 보여주시며, 사람들에게 하나님의 사랑과 구원의 메시지를 전하셨습니다. 예수님의 공생애는 단순히 기적적인 사건들의 나열이 아니라, 구속 사역을 완성해 가시는 중요한 과정이었습니다.

④ 예수 그리스도의 십자가 죽음(Crucifixion)

예수님의 십자가 죽음은 하나님의 구원 계획에서 절정에 달하는 사건입니다(十字架 死亡). 공생애의 끝자락에서 죄가 없으신 분이 우리의 죄를 대신 지시고 십자가에서 죽음을 당하셨습니다. 인간은 예수님께서 나를 죄로부터 구원하시기 위해서 십자가에 달려 돌아가신 것을 믿어야 합니다. 그분께서 십자가에서 운명하실 때 "다 이루었다"고 말씀하셨습니다(요 19:30).

[요한복음 19:30]
"예수께서 신 포도주를 받으신 후에 이르시되 다 이루었다 하시고
머리 숙이니 영혼이 떠나가시니라"

"다 이루었다"는 말씀은 우리가 지은 모든 죄에 대한 대가(代價)를 예수님께서 친히 죽음을 맞으심으로 전부 지불하셨다는 의미입니다. 다른 길은 없습니다. 오직 예수님만이 구원을 얻는 유일한 길과 진리와 생명이십니다(요 14:6).

[요한복음 14:6]
"예수께서 이르시되 내가 곧 길이요 진리요 생명이니
나로 말미암지 않고는 아버지께로 올 자가 없느니라"

⑤ 예수 그리스도의 부활(Resurrection)

나를 위해서 십자가에서 죽임을 당하신 후에 예수님께서는 삼일 후에 다시 살아나셨습니다. 예수님의 부활 사건입니다(復活). 부활을 통해서 하나님께서 예수님을 온 인류의 구원자로 명확하게 증명하셨습니다. 예수님의 부활은 우리의 믿음 생활의 기초가 됩니다. 성경은 예수님이 죽음을 이기고 다시 살아나셨듯이, 신자들도 죄와 죽음을 이기고 살아날 것이라고 말씀합

니다(고전 15:20-22).

[고린도전서 15:20-22]
"20 그러나 이제 그리스도께서 죽은 자 가운데서 다시 살아나사
잠자는 자들의 첫 열매가 되셨도다
21 사망이 한 사람으로 말미암았으니
죽은 자의 부활도 한 사람으로 말미암는도다
22 아담 안에서 모든 사람이 죽은 것 같이
그리스도 안에서 모든 사람이 삶을 얻으리라"

⑥ 예수 그리스도의 승천(Ascension)

부활하신 예수님은 이 땅에서 제자들과 40여 일을 지내시다가 하늘로 올라가셨습니다. 예수님의 승천 사건입니다(昇天). 예수님의 승천은 그분의 지상에서의 구원 사역이 완성되었음을 의미합니다. 승천 후 예수님은 하나님 우편에 앉으셔서 우리를 위해서 중보하시는 제사장이 되셨습니다. 예수님은 승천하실 때 제자들에게 복음 전도의 사명을 위탁하셨습니다(행 1:8-9).

[사도행전 1:8-9]
"8 오직 성령이 너희에게 임하시면 너희가 권능을 받고
예루살렘과 온 유대와 사마리아와 땅 끝까지 이르러
내 증인이 되리라 하시니라
9 이 말씀을 마치시고 그들이 보는데 올려져 가시니
구름이 그를 가리어 보이지 않게 하더라"

⑦ 예수 그리스도의 재림(Second Coming of Jesus Christ)

예수님께서는 제자들이 보는 가운데 하늘로 올라가셨습니다. 그리고 언제인지는 모르지만 다시 이 땅으로 오실 것입니다(행 1:11). 예수님의 재림 사건입니다(再臨). 예수님의 초림 사건과 비교했을 때 예수님의 재림은 그 성

격이 판이하게 다릅니다. 예수님의 초림이 은밀성의 성격을 가졌다면, 재림은 공개성의 성격을 갖습니다.

[사도행전 1:11]
"이르되 갈릴리 사람들아 어찌하여 서서 하늘을 쳐다보느냐
너희 가운데서 하늘로 올려지신 이 예수는
하늘로 가심을 본 그대로 오시리라 하였느니라"

하나님의 구원 계획을 다음과 같이 정리할 수 있습니다. "하나님의 예정과 예수 그리스도의 성육신과 공생애와 십자가 죽음과 부활과 승천과 재림까지, 이 모든 계획과 사건들은 인간을 위한 하나님의 구원 계획의 핵심에 속한다."

2. 구원의 또 다른 이름들(Various Names)

기독교 신학은 구원을 다양한 이름으로 바꿔가면서 나타냈습니다. 소명과 회심과 칭의와 중생과 양자됨과 영생이 그것입니다.

① 소명(Calling)

소명(呼召)은 하나님께서 택하신 자들을 향해 주시는 특별한 부르심을 가리킵니다. 하나님은 특정한 사람을 부르셔서, 그에게 역할과 사명을 부여하십니다. 신자에게 소명은 하나님의 뜻을 이루어 드리는 신앙생활의 시작입니다. 신자는 하나님의 소명을 깨닫고 순종함으로써 하나님의 구원 계획에 참여하는 사람입니다. 신자는 기도와 말씀 묵상을 통해서 그 부르심을 깨닫게 됩니다. 신자의 순종하는 삶을 통해서 하나님의 이름이 영화롭게 됩니다. 신자가 하나님의 부르심에 응답함으로 순종하는 삶은 교회와 세상을 변화시키는 능력이 됩니다. 소명은 단순히 어떤 일을 맡아서 감당하는 차원을 넘어, 구원의 은혜 안으로 불러주시는 하나님의 초청입니다. 신자는 소명을 통해서 예수 그리스도의 구원에 참여하고, 하나님의 자녀로서 새로운 신분을 누리게 됩니다. 소명은 구원받은 신자가 하나님의 뜻을 따라 살아가도록 이끄시는 하나님의 은혜의 시작점입니다.

② 회심(Conversion)

회심(回心)은 하나님께로 돌아오는 마음의 전환을 의미합니다. 회심은 하나님의 능력과 성령의 도우심과 나의 의지가 만나는 순간입니다. 마음가짐과 태도의 본질적 전환을 나타내는 것으로, 그 사람의 인생 최고의 방향 전환입니다. 하나님과의 관계 회복을 위해서 죄에서 돌이키는 중요한 결단으로서, 신앙생활의 시작점이기도 합니다. 이 결단은 '감정의 변화 그 이상'입니다. 일상의 언행과 선택 속에서 죄를 멀리하고 의를 좇는 삶의 실천입니다. 진정한 회심은 삶의 모든 영역에서 하나님을 주인으로 인정하고, 그분의 뜻에 따라서 살아가는 삶을 의미합니다. 따라서 참된 회심은 구원의 은혜를 삶에서 받아들이고 드러내는 시작점이 됩니다.

③ 칭의(Justification)

칭의(稱義)는 하나님께서 죄인을 그의 믿음을 보시고 의롭다고 인정해 주시는 것입니다(롬 5:1).

[로마서 5:1]

"그러므로 우리가 믿음으로 의롭다 하심을 받았으니
우리 주 예수 그리스도로 말미암아 하나님과 화평을 누리자"

하나님의 은혜로 인간이 값없이 의롭다 함을 얻은 사실을 선포하시는 하나님의 선포 행위입니다('법률 개념'). 이 선언이 죄와 형벌에서 신자를 해방시킵니다. 칭의 사건으로 인해서 하나님의 자녀라는 신자의 법적 신분이 보장됩니다. 이 은혜의 선언은 성화를 시작하는 출발점입니다. 하나님께 의롭다 함을 받은 성도는 하나님과 화평의 관계를 누리게 됩니다. 칭의는 구원의 은혜를 법적으로 확증해 주시는 하나님의 선언이며, 신자로 하여금 구원받은 자로서 살아가게 하는 견고한 기초입니다.

함께 나누어요 ❹

칭의는 신자를 의롭다고 인정해 주시는 하나님의 선포입니다. 신자를 의롭다고 선포하는 주체는 나 자신도 아니고, 다른 사람도 아니고, 하나님이십니다. 따라서 우리는 다음과 같이 얘기할 수 있습니다. '하나님께서 나의 칭의의 주체가 되신다.' 이 사실이 우리 신앙인들에게 주는 여러 유익이 있습니다. 어떤 유익이 있을까요?

❹ 중생(Regeneration)

중생(重生)은 성령으로 말미암아 새롭게 태어난 신자의 출생을 가리킵니다('출생' 개념). 신자는 믿음으로 인해서 성령에 의해서 새로운 생명으로 다시금 태어납니다. 중생도 신자의 삶의 시작점으로, 그 후의 신앙 여정에서 성령의 인도하심을 따라 살아가는 데 있어서 삶의 중요한 기초가 됩니다. 중생을 경험한 신자는 더 이상 세상의 가치와 욕망을 좇아서 살아가지 않습니다. 하나님 나라의 일꾼으로서 새로운 삶의 목적과 사명을 가슴에 품고 살아갑니다. 중생은 신자가 구원의 은혜에 실제로 참여하게 되는 사건이며, 영원한 생명으로 들어가는 새로운 출발점입니다.

⑤ 양자됨(Adoption)

양자(養子)됨은 하나님을 등지고 살았던 죄인의 신분에서 하나님의 자녀라는 새로운 신분을 얻었음을 가리킵니다('신분' 개념). 신자의 양자됨을 다음과 같이 구체적으로 정의할 수 있습니다. "예수 그리스도만이 하나님의 영원하신 아들로서, 하나님의 아들이 누리는 특권을 누리신다. 그런데 하나님께서 그 특권을 예수 그리스도를 믿는 자들에게도 주셨다. 하나님께서 신자들을 양자와 양녀로 삼아주셨다." 신자들은 예수 그리스도를 영접함으로 하나님의 양자(양녀)가 되는 특권을 얻은 사람들입니다(요 1:12).

[요 1:12]
"영접하는 자 곧 그 이름을 믿는 자들에게는
하나님의 자녀가 되는 권세를 주셨으니"

신자는 하나님의 양자(양녀)가 되면서, 아버지 되시는 하나님의 모든 것을 상속받을 수 있는 아들과 딸의 명분을 얻게 되었습니다(갈 4:5).

[갈 4:5]
"율법 아래에 있는 자들을 속량하시고
우리로 아들의 명분을 얻게 하려 하심이라"

양자됨은 구원의 은혜를 통해서 신자가 하나님의 가족으로 받아들여졌음을 보여주는 궁극적인 신분의 확증입니다.

함께 나누어요 ❺

하나님의 양자와 양녀가 된 신자가 지금 현재 누리고 있는 특권에 무엇이 있나요?

① 하나님을 아버지라 부르면서 친밀히 교제하는 것

② 기도할 때 하나님의 응답을 기대할 수 있는 것

③ 죄 사함과 구원의 확신을 누릴 수 있는 것

④ 성령님의 인도와 보호를 받을 수 있는 것

하나님의 양자와 양녀가 된 신자가 장래에 천국에서 누리게 될 특권이 무엇인가요?

① 하나님을 얼굴을 맞대고 뵙는 기쁨

② 더 이상 슬픔과 고통과 두려움이 없는 완전한 삶

③ 영원히 주님과 함께 거하는 행복

④ 하늘의 상급과 영광에 참여하는 기쁨

⑥ 영생(Eternal Life)

본래 영생(永生)은 시간이 끝없이 지속되는 삶을 가리킵니다. 이와 달리 성경적인 의미의 영생은 하나님과의 교제 속에서 영원히 살게 되는 삶을 가리킵니다('관계' 개념). 신자에게 하나님 없이 영원히 누리는 삶은 무의미할 수밖에 없습니다. 신자의 정체성이 하나님으로 인해서 주어지는 정체성이기 때문입니다. 영생은 단순히 나 홀로만의 생존 개념이 아니라 하나님과 더불어서 누리는 교제의 개념입니다. 영생은 구원의 완성으로서, 신자가 하나님과 영원히 교제하며 누리게 되는 궁극적인 구원의 축복입니다.

신자의 영생은 죽음 이후에 천국에서 '성취'됩니다('천국에서 누리는

영생'). 그런데 지금 이 땅에서도 신자는 영생을 맛보고 살아갑니다('지금 이 땅에서 누리는 영생'). 지금 현재 하나님과의 교제 속에서 살아가는 삶을 '영생'이라고 할 수 있습니다. 이 영생의 질을 높이기 위해서 무엇이 필요할까요?

① 하나님의 말씀을 깊이 묵상하는 삶
② 하나님과의 대화를 놓치지 않는 꾸준한 기도 생활
③ 공동체 안에서 사랑과 섬김을 실천하는 삶
④ 일상에서의 모든 일을 하나님께 맡기고 의지하는 태도

지금까지 "구원 이야기"라는 주제로 성경 공부를 하였습니다. 성경 공부를 통해서 깨달은 점이나 마음에 남은 은혜나 새롭게 얻은 통찰을 간단하게 적어 보시기 바랍니다. 이 기록이 앞으로 하나님과 함께 걸어갈 믿음의 여정을 새롭게 준비하는 소중한 흔적이 될 것입니다.

예시

하나님의 구원 계획이 오랜 시간에 걸쳐서 정교하게 준비된 은혜의 역사인 것을 깊이 깨달았습니다. 예수 그리스도의 성육신, 십자가 죽음, 부활, 승천, 그리고 재림까지 이어지는 구원의 큰 흐름 속에 내가 포함되어 있다는 사실이 놀라운 감격으로 다가왔습니다. 하나님의 자녀로 부르심을 받은 사람으로서, 더욱 감사와 순종의 삶을 살아가고 싶습니다.

구원 이야기

4과. 구원 이야기(2)

4과. 구원 이야기(2)

1. 신자의 구원이 성부·성자·성령 하나님의 협력으로 이루어진 것임을 배운다.
2. 삼위 하나님의 구원 사역이 현재에도 살아 있는 능력임을 알게 한다.
3. 참된 회개가 죄에서 돌이켜 그리스도께로 나아가는 것임을 깨닫게 한다.
4. 구원받은 신앙인들이 일상에서 믿음을 실천하며 믿음의 성장을 이루어가야 함을 알게 한다.

하나님의 구원 계획은 성부 하나님의 독자적인 결정이 아닙니다. 구원은 성부 하나님과 성자 예수님과 성령 하나님의 협력 속에서 이루어진 완전한 계획입니다. 성부 하나님은 구원의 계획을 '세우셨습니다'. 성자 예수님은 그 계획을 '성취하셨습니다'. 성령 하나님은 신자들에게 이 구원을 '적용하시고 인도하십니다'. 이 삼위 하나님의 완전한 사역이 분리되지 않고 하나로 연결되었기 때문에 신자의 구원은 결코 흔들리거나 실패하지 않습니다. 신앙인들은 삼위 하나님의 구원의 은총과 사랑을 넉넉히 확신할 수 있습니다. 신앙인들은 삼위 하나님의 구원 역사 안에서 날마다 순종과 감사로 응답하며 살아가는 사람들입니다.

하나님의 구원 계획이 성부 하나님과 성자 예수님과 성령 하나님의 협력 속에서 이루어졌다고 할 때, '세 위격이 협력하는 방식'이 어떠했을까요?

1. 삼위 하나님의 협력 사역으로서의 구원(Cooperative Work)

　구원은 삼위 하나님의 협력 사역입니다. 하나님은 삼위일체로 '존재'하시면서 '활동'하십니다. 헬라인들은 이러한 삼위일체 하나님의 존재와 활동을 '페리코레시스'(perichoresis)라고 이름을 붙였습니다. 성부와 성자와 성령은 서로 완전하게 내주하시면서 상호작용하십니다. 상호 간에 깊은 관계와 연합을 이루십니다. 사역과 섭리를 펼쳐가실 때 함께 의논하시고 결정하시며 협력하면서 그 일들을 이루어 가십니다. 인간의 구원 계획도 삼위 하나님의 협력 사건입니다. 성부와 성자와 성령님께서 함께 협력하셔서 우주 만물을 창조하셨듯이, 우리 인간의 구원도 성부와 성자와 성령의 협력 가운데 이루어진 사건입니다.

함께 나누어요 ❷

구원의 계획은 삼위 하나님의 협력에 의해서 '이루어졌습니다.' '이루어집니다.' '이루어질 것입니다.' 이 가르침이 신자의 삶에 어떤 영향을 미칠까요?

① 과거와 현재와 미래를 아우르는 하나님의 구원 사역 속에서 안정감과 확신을 느낀다.

② 지금의 어려움도 하나님의 완전한 계획 속에 있다는 믿음이 생긴다.

③ 미래에 대한 두려움이 줄어들고, 소망 가운데 살아갈 힘이 생긴다.

④ 나를 향한 하나님의 구원 계획이 변하지 않는다는 사실에 감사하게 된다.

① 구원에 대한 유비적인 설명(Analogical Explanation)

　삼위 하나님의 협력 사건으로서의 구원을 어느 목사님이 다음과 같은 비유로 설명하고 있습니다. 어느 지역에 잦은 가뭄 때문에 사람들이 마실 물이 없어서 고통당하고 있는 것을 보고, '설계사'가 댐을 건설하기로 마음먹고 설계도면을 만들었습니다. 설계도면을 만들어서 댐을 건설할 '건축가'에게 넘겼습니다. 건축가는 튼튼한 댐을 만들어 물을 가득 담았고, 후에 그 댐을 관리할 능력이 있는 '관리자'에게 댐의 관리를 위탁했습니다. 댐의 관리인은 집집마다 수로를 만들어서 사람들에게 시원한 물을 '공급'('적용')해 주었습니다. 마침내 잦은 가뭄 때문에 고통당하던 지역 주민들의 갈증이 해결될 수 있었습니다.

여기서 '지역 주민들의 갈증을 없애주는 물'을 '구원'이라고 생각해 보겠습니다. 이 구원이라고 하는 물이 지역 주민 개개인에게 전해지기까지의 과정을 생각해 보시기 바랍니다. 먼저 댐을 건설하기 위해서 꼼꼼하게 설계도면을 만든 '설계사'가 있습니다. 그 설계도면을 받아서 튼튼한 댐을 건설한 '건축가'가 있습니다. 그리고 건축가가 만든 댐을 관리해서 사람들에게 마실 물을 공급해 준 '관리자'가 있습니다. 세 사람(설계사, 건축가, 관리자)으로 인해서 지역 주민들이 시원한 물을 마실 수 있었습니다.

여기서 설계사를 성부 하나님으로, 건축가를 성자 예수님으로, 관리자를 성령 하나님으로 생각할 수 있습니다. 이 예화가 보여주듯이, 우리의 구원은 '최초로 성부 하나님이 계획하신 것'이고, 하나님의 구원의 계획을 '성자 예수님께서 이루신 것'이며, 성자 예수님이 이루신 구원을 '성령 하나님께서 우리 인간에게 깨닫게 하신 것'('적용')입니다. 이렇듯 구원은 철저하게 삼위 하나님의 협력 속에 이루어진 사건입니다. 삼위 하나님의 계획과 성취와 적용이 있었기에, 신앙인들이 구원을 받게 되었습니다. 결론적으로 다음과 같이 말할 수 있습니다. "나의 믿음 이전에 나를 구원하시려는 삼위 하나님의 협력이 있었다.('구원의 계획', '구원의 성취', '구원의 적용')". 이것을 '삼위 하나님의 선물로서의 구원'이라고 칭할 수 있습니다(엡 2:8).

[에베소서 2:8]
"너희는 그 은혜에 의하여 믿음으로 말미암아 구원을 받았으니
이것은 너희에게서 난 것이 아니요 하나님의 선물이라"

함께 나누어요 ❸

② '과거 사건'이 아니라 '현재적 실재'인 구원(Present Reality)

많은 사람들이 구원을 과거의 어느 한 시점에서 일어난 '사건'으로만 이해
합니다. 하지만 성경은 구원을 단순히 '과거에 받은 것'으로만 말하지 않습니
다. 구원을 '지금도 이루어가야 하는 현재적 실재'로 설명합니다. 에베소서
2장 8절은 우리가 '구원을 받았다'고 선언하지만, 빌립보서 2장 12절에서는
'두렵고 떨림으로 너희 구원을 이루라'고 권면합니다. 이는 구원이 '단회적인
사건'이면서 동시에 '지속적인 삶의 여정'임을 보여줍니다. 성령께서 지금도
우리 안에서 역사하시면서, 믿음을 새롭게 하시고, 회개하게 하시며, 거룩한
삶으로 인도하십니다. 그러므로 신자는 오늘도 구원의 은혜를 누리면서 살
아가는 사람입니다. 나의 구원을 삶 속에서 실현해 가는 사람입니다. 나의
구원은 단순히 과거의 간증에 머물지 않고, 오늘을 살아가는 확신과 능력의
근거가 됩니다. '나는 구원받았다'는 고백은 '지금도 하나님이 내 삶을 붙들
고 계신다'는 현재형의 믿음입니다.

2. 구원을 이루기 위한 인간의 방편들(Human's Means)

구원을 이루기 위해서 인간이 감당해야 하는 일들이 있습니다. 이것을 '구원의 방편들'('수단들')이라고 칭합니다. 구원은 하나님께서 우리 인간에게 주시는 선물입니다. 기독교는 행위 구원을 얘기하지 않습니다. 행위 구원은 유대교의 구원관입니다. 유대교와 달리 기독교는 철저하게 구원을 하나님의 선물로 봅니다. 하나님께서 선물로 주시는 구원을 인간이 어떻게 자신의 것으로 받아 누릴 수 있을까요? 우리 인간의 응답이 필요합니다. 즉 '회개'와 '믿음'입니다(막 1:15).

[마가복음 1:15]
"이르시되 때가 찼고 하나님의 나라가 가까이 왔으니
회개하고 복음을 믿으라 하시더라"

① 회개(Repentance)

성경에 사용된 '회개한다'는 말의 헬라어는 '메타노에오'(μετανοέω)입니다. 메타노에오는 '마음을 바꾼다, 마음을 돌이킨다'는 의미를 갖습니다. 우리는 '무엇으로부터 무엇으로 마음을 돌이키고 바꾸는지'를 알아야 합니다.

첫째, 회개란 '죄로부터' 마음을 돌이키는 것을 가리킵니다. 바울은 로마서 3장에서 율법이 하는 중요한 일을 가리켜서 죄를 깨닫게 하는 것이라고 했습니다(롬 3:20).

[로마서 3:20]
"그러므로 율법의 행위로 그의 앞에 의롭다 하심을 얻을 육체가 없나니
율법으로는 죄를 깨달음이니라"

계속해서 고린도후서 7장 10절에서 "하나님의 뜻대로 하는 근심은 후회할 것이 없는 구원에 이르게 하는 회개를 이룬다"고 했습니다.

[고린도후서 7:10]
“하나님의 뜻대로 하는 근심은 후회할 것이 없는 구원에 이르게 하는
회개를 이루는 것이요 세상 근심은 사망을 이루는 것이니라”

‘구원에 이르게 하는 회개!’ 즉 죄로부터의 회개입니다. 죄로부터의 회개가
인간을 구원에 이르게 합니다. 죄로부터 돌아서고자 하는 의지 없이는, 구원
은 이루어질 수 없습니다. 참된 회개는 죄를 떠나겠다는 결단과 함께, 하나
님께로 돌아가는 순종의 삶으로 이어집니다.

둘째, 회개란 ‘예수 그리스도께’(‘존재’)로 마음을 돌이키는 것입니다. 즉 회
개는 예수 그리스도에 대한 나의 생각과 태도를 바꾸는 것입니다. ‘예수 그리
스도를 나의 구주로 수용하고 받아들이는 근본적인 마음과 태도의 변화!’ 이
것이 회개입니다.

누가복음 19장에 회개를 온전히 이룬 한 사람이 나옵니다. 세리장 삭개오
입니다. 삭개오는 예수님을 만난 후에 회개하면서 진정한 변화의 본을 보여
줍니다. 그는 예수님을 자신의 구주로 받아들였고, 지금까지의 자신이 범해
온 죄를 회개하면서 마음을 돌이켰습니다. 자신의 재산의 절반을 가난한 자
들에게 나누어 주겠다고 하면서, 자신이 부당하게 취한 것들을 네 배로 갚겠
다고 결단했습니다(눅 19:1-10). 그의 회개는 단순히 입술의 고백으로만 끝
나지 않고, 삶에서의 실천으로 이어졌습니다. 예수님은 그의 회개를 인정하
시면서 “오늘 구원이 이 집에 이르렀다”고 선언하셨습니다(눅 19:9-10).

[누가복음 19:9-10]
“예수께서 이르시되 오늘 구원이 이 집에 이르렀으니
이 사람도 아브라함의 자손임이로다
인자가 온 것은 잃어버린 자를 찾아 구원하려 함이니라”

함께 나누어요 ❺

② 믿음(Faith)

신약 성경은 회개와 믿음을 함께 취급합니다. 일반적으로 '회개'와 '믿음'은 동의어입니다. 우리가 회개함으로써 믿음을 갖게 된다는 것입니다(행 20:21).

[사도행전 20:21]
"유대인과 헬라인들에게 하나님께 대한 회개와
우리 주 예수 그리스도께 대한 믿음을 증언한 것이라"

여기서 우리가 기억해야 하는 중요한 두 가지 사실이 있습니다. 첫째로 '예수 그리스도께서 나의 믿음의 대상이 되신다는 사실'('예수님 존재에 대한 믿음')과 '예수께서 나를 위해서 행하신 일들을 믿는다는 사실'입니다('예수님의 대속의 사역에 대한 믿음'). 다른 누군가가 나의 믿음의 대상이 될 수 없습니다. 예수 그리스도께서 나의 믿음의 대상이 되십니다('존재'). 그리고 예수님께서 나를 위해서 행하신 일('십자가 죽음')이 나의 믿음의 대상이 됩니다('대속의 사역').

둘째로 우리가 기억해야 하는 것은 '구원받는 믿음'과 '일상적인 삶의 자리에서의 믿음'이 구분된다는 것입니다. 신자에게 구원받는 믿음은 나를 죄로부터 구원하시기 위해서 십자가에 달려 돌아가신 예수님을 수용하면서 받아들이는 믿음을 말합니다. 신앙인들은 이 구원받는 믿음을 이미 소유한 사람입니다. 이 믿음을 소유한 자로서, 이제는 일상의 다양한 삶의 자리에서 하나님을 신뢰하는 믿음으로 나아가야 합니다('일상적인 삶의 자리에서의 믿음'). '구원받는 믿음'과 '일상적인 삶의 자리에서의 믿음'은 분리되지 않고 연속성을 갖습니다. 구원받는 믿음을 이미 소유한 하나님의 자녀로서, 일상 속에서 나의 믿음을 풍성하게 가꿔가야 하는 거룩한 책임이 신앙인들에게 있다는 것입니다.

신약 성경에 '구원받는 믿음'을 소유한 후에 '일상적인 삶의 자리에서 자신의 믿음'을 풍성하게 가꿔간 사람이 나옵니다. 사도 바울입니다. 성경은 바울이 구원받는 믿음을 소유한 후에 그 믿음을 일상의 삶 속에서 어떻게 가꾸어갔는지를 잘 보여줍니다. 그는 부활의 예수님을 만난 후에 구원받는 믿음의 소유자가 되었습니다. 구원자이신 예수님을 신뢰하면서, 일상의 자리에서 여러 고난을 견디면서 복음을 전했습니다(행 13장-28장, 고후 11:23하-27).

[고린도후서 11:23하-27]

"23…내가 수고를 넘치도록 하고 옥에 갇히기도

더 많이 하고 매도 수없이 맞고 여러 번 죽을 뻔하였으니

24 유대인들에게 사십에서 하나 감한 매를 다섯 번 맞았으며

25 세 번 태장으로 맞고 한 번 돌로 맞고

세 번 파선하고 일 주야를 깊은 바다에서 지냈으며

26 여러 번 여행하면서 강의 위험과 강도의 위험과

동족의 위험과 이방인의 위험과 시내의 위험과 광야의 위험과

바다의 위험과 거짓 형제 중의 위험을 당하고

27 또 수고하며 애쓰고 여러 번 자지 못하고

주리며 목마르고 여러 번 굶고 춥고 헐벗었노라"

다메섹으로 가는 도중에 그리스도 예수 안에서 구속의 은혜를 경험한 후에 한 평생토록 자신의 삶을 진지하게 살아내면서 하나님의 뜻을 이루어 드

리는 삶을 살았습니다('복음 전도'). 그의 삶은 매 순간 하나님을 의지하는 믿음의 여정이었고, 그 믿음은 그의 순간순간의 결단과 행동에 깊은 영향을 끼쳤습니다. 이런 삶의 여정이 바울에게만 해당되는 것은 아닙니다. 신앙인들도 이러한 삶의 여정을 걸어야 하는 사람들입니다. '바울을 본받아서 구원받는 믿음을 가슴에 품은 채로, 일상 속에서 하나님을 의지하고 신뢰하면서 그 믿음을 실천하면서 꽃을 피워내는 삶을 살아가는 사람들!' 우리 신앙인들입니다.

함께 나누어요 ❻

신앙인들은 '이미 시작된 믿음'을 올바르게 가꿔가야 합니다. 내 안에 심기어진 믿음을 아름답게 가꿔가야, 마지막에 가서 아름다운 믿음의 꽃을 피워낼 수 있기 때문입니다(믿음의 '성취' 내지 '완성'). 믿음의 성취를 이루기 위해서 시작된 나의 믿음을 순간순간 어떻게 가꿔가야 하겠습니까?

① 말씀을 꾸준하게 읽고 묵상한다.
② 작은 순종을 반복하면서 믿음의 근육을 키운다.
③ 믿음의 공동체의 지체들과 친밀한 교제를 유지한다.
④ 어려움 속에서도 감사와 찬양을 멈추지 않는다.

함께 나누어요 ❼

믿음을 가꿔가는 나의 삶이 평탄할 수만은 없습니다. 평탄과 기쁨의 순간도 있지만, 어려움의 순간도 찾아올 수 있습니다. 믿음을 가꿔가던 중에 인상 깊었던 경험이 있었다면, 떠올려 보시기 바랍니다.

지금까지 "구원 이야기"라는 주제로 성경 공부를 하였습니다. 성경 공부를 통해서 깨달은 점이나 마음에 남은 은혜나 새롭게 얻은 통찰을 간단하게 적어 보시기 바랍니다. 이 기록이 앞으로 하나님과 함께 걸어갈 믿음의 여정을 새롭게 준비하는 소중한 흔적이 될 것입니다.

예시

하나님 존재에 대한 여러 관점과 증거들을 통해서, 내가 믿는 하나님이 얼마나 분명하고 실제적인 분이신지를 새롭게 확인하게 되었습니다. 하나님의 본성과 그분의 창조 사역과 구속 사역을 묵상하면서, 내 삶이 결코 우연이 아니라 하나님 안에서 계획되고 이끌어지는 여정임을 깊이 깨달았습니다. 앞으로 하나님의 위대하심과 신실하심을 기억하며, 그분을 더 온전히 알고 따르는 삶을 살아가겠습니다.

구원 이야기

5과. 구원 이야기(3)

1. 구원의 시제성

　① 현재적 구원

　② 미래적 구원

2. 구원의 확신

　① 성도의 견인

　② 구원의 보증

5과. 구원 이야기(3)

1. 구원이 일회성이 아니라 과거와 현재와 미래를 아우르는 과정임을 배운다.
2. 구원의 확신이 감정이 아닌 하나님의 약속과 성령의 역사에 기초함을 알게 한다.
3. 성화가 믿음의 순종 속에서 점진적으로 이루어짐을 이해하게 한다.
4. 영화가 죄와 고통이 완전히 사라진 상태에서의 최종 구원임을 알게 한다.

구원은 기독교 신앙의 중심 주제이며, 인간 존재의 궁극적인 문제인 죄와 죽음을 해결하는 하나님의 해답입니다. 성경은 구원을 단순히 감정적인 체험이나 일회적인 사건으로 설명하지 않고, 시간 속에서 점진적으로 완성되어 가는 '통합적인 사건'으로 설명합니다. 구원은 과거에 시작되었고, 현재에 실현되며, 미래에 완성될 하나님의 계획입니다. 이러한 구원의 여정에는 성화와 영화, 확신과 보증, 그리고 성도의 견인이라는 논리적 단계들이 체계적으로 연결되어 있습니다. 따라서 구원에 대한 올바른 이해는 신자의 신앙 여정 전체를 조망하는 데 중요한 틀을 제공합니다. 구원에 대한 바른 깨달음은 신자로 하여금 흔들림 없이 믿음을 지키며, 하나님 나라를 향해 나아가도록 인도합니다.

1. 구원의 시제성(Temporal Aspects)

구원을 시간적으로 '현재적 구원'과 '미래적 구원'으로 나눌 수 있습니다. 현재적 구원은 신자가 죄의 세력을 멀리하면서 지금 이 땅에서 이루어 가는 '구원의 현재적 경험'을 말합니다. 베드로(Peter)가 예수님을 따르면서 현재적 구원을 펼쳐 나간 인물입니다. 예수님을 모른다고 부인했지만 회개하고 예수님의 재림을 소망하면서 믿음으로 살 것을 결단하면서, 그는 사람들에게 예수님을 증언하는 삶에 헌신했습니다. 초대교회 성도들이 거룩한 삶을 살면서 죄와 세상의 권세에서 벗어나도록 계속해서 권면했습니다(벧전 1:13-15).

[베드로전서 1:13-15]
"13 그러므로 너희 마음의 허리를 동이고 근신하여
예수 그리스도께서 나타나실 때에
너희에게 가져다 주실 은혜를 온전히 바랄지어다
14 너희가 순종하는 자식처럼
전에 알지 못할 때에 따르던 너희 사욕을 본받지 말고
15 오직 너희를 부르신 거룩한 이처럼
너희도 모든 행실에 거룩한 자가 되라"

베드로는 구원의 경험이 단순히 그 시작에 그치지 않고, 현재의 삶 속에서 계속해서 실천되어야 함을 강조했습니다. 이렇듯 현재적 구원은 신자의 믿음과 순종이 구체적인 삶의 자리에서 드러나도록 이끌어 줍니다.

미래적 구원은 신자가 죄의 존재 자체를 완전히 멀리하게 되는 '구원의 미래적 완성'을 말합니다. 성경은 사도 요한(John)을 미래적 구원을 소망하면서 살아간 인물로 소개합니다. 요한은 예수 그리스도의 재림을 통해서 구원의 완성이 이루어질 것이라는 소망을 가졌습니다. 예수님께서 다시 오셔서 이 땅을 새롭게 하시고, 영원한 하나님 나라가 시작될 것을 확신했습니다. 요한이 기록한 요한계시록은 궁극적으로 신자들이 경험하게 될 미래적 구원의 완성을 다음과 같이 감각적으로 묘사합니다(계 21:1-4).

[요한계시록 21:1-4]
"1 또 내가 새 하늘과 새 땅을 보니
처음 하늘과 처음 땅이 없어졌고 바다도 다시 있지 않더라
2 또 내가 보매 거룩한 성 새 예루살렘이
하나님께로부터 하늘에서 내려오니

그 준비한 것이 신부가 남편을 위하여 단장한 것 같더라
3 내가 들으니 보좌에서 큰 음성이 나서 이르되
보라 하나님의 장막이 사람들과 함께 있으매
하나님이 그들과 함께 계시리니 그들은 하나님의 백성이 되고
하나님은 친히 그들과 함께 계셔서
4 모든 눈물을 그 눈에서 닦아 주시니 다시는 사망이 없고
애통하는 것이나 곡하는 것이나 아픈 것이 다시 있지 아니하리니
처음 것들이 다 지나갔음이러라"

요한은 그리스도의 재림의 때를 바라보며, 하나님께서 주실 새 하늘과 땅을 소망했습니다. 그의 예언은 미래적 구원이 이루어질 때의 완전한 상태를 보여줍니다. 이처럼 미래적 구원은 신자들로 하여금 현재의 고난 속에서도 영원한 하나님의 나라를 바라보며 인내하게 만드는 힘이 됩니다.

함께 나누어요 ❶

신자는 미래에 성취될 완전한 구원을 소망하는 사람입니다. 지금 이 소망을 가슴에 품고 살아가시나요?

함께 나누어요 ❷

요한계시록이 제시하는 '새 하늘과 새 땅'(천국)을 상상해 보시기 바랍니다. 현재의 어려움을 극복할 수 있는 힘이 생길 것입니다. 바라고 소망하면서 천국을 건강하게 상상하는 것이 가지고 있는 힘이 있습니다. 어떤 힘을 가지고 있을까요?

① 현재적 구원(Present Salvation)

ⓐ 성화(Sanctification)

성화는 나의 믿음이 성령님께 나의 삶을 위탁하면서 성숙한 믿음으로 자라가는 것을 가리킵니다. 성화를 구체적으로 다음과 같이 정의할 수 있습니다. "성화란 신앙인들의 인격적 성숙의 전 과정으로서, 성화되기 위해서 첫째 신앙인들은 성령 하나님의 인도하심에 온전히 순종해야 한다. 둘째 매 순간 하나님의 뜻을 분별하고 그 뜻을 이루어 드리기 위해서 노력해야 한다." 모든 신앙인들은 본질적으로 예수님을 믿는 순간부터 '이미 성화의 반열에 들어섰다'고 얘기할 수 있습니다. 나아가서 모든 신앙인들은 실제적으로 '지금 성화를 이루어가는 과정에 있다'고 얘기할 수 있습니다(고후 7:1).

[고린도후서 7:1]
"그런즉 사랑하는 자들아
이 약속을 가진 우리는 하나님을 두려워하는 가운데서
거룩함을 온전히 이루어
육과 영의 온갖 더러운 것에서 자신을 깨끗하게 하자"

성화는 신자가 현재적 구원을 살아내는 과정으로서, 매일의 삶 속에서 죄를 멀리하고 하나님의 뜻을 따라 거룩함을 이루어가는 실제적인 여정입니다.

함께 나누어요 ❸

성화란 '성령의 사역'인 동시에 신자인 '나 자신의 사역'이기도 합니다. 따라서 성화를 이루어 가기 위해서는 성령의 절대적인 도우심과 더불어서 신자 자신의 노력이 함께 필요합니다. 그런데 이 둘을 분리시키는 사람들이 있습니다. 성화에 있어서 성령님의 절대적인 도우심만을 구하는 사람에게 무엇이 필요할까요? 반대로 성화에 있어서 자기 자신의 노력만을 추구하는 사람에게 무엇이 필요할까요?

ⓑ 그리스도와의 연합(Union with Christ)

　신앙인들에게 그리스도와의 연합은 예수님 안에서 우리의 정체성을 새롭게 만듭니다. 믿음으로 그리스도와 연합한 신자는 예수님의 죽음과 부활에 참여합니다(롬 6:5).

[로마서 6:5]
"만일 우리가 그의 죽으심과 같은 모양으로 연합한 자가 되었으면
또한 그의 부활과 같은 모양으로 연합한 자도 되리라"

　이 연합은 추상적인 언설이 아니라, 신자를 매일의 삶 속에서 성령의 능력을 경험하고 실천하도록 이끄는 힘입니다. 예수님과 연합함으로 인해서, 신자는 그분의 의와 거룩함을 자신의 삶에 나타낼 수 있습니다. 나아가서 신자는 교회 공동체의 다른 신자들과도 연합을 이룹니다. 연합된 교회 공동체 안에서 신자는 다른 신자를 나의 가족으로 인정하고 그의 필요를 채워주면서 참된 사랑을 나눕니다. 이 연합은 또한 장차 나타날 하나님 나라에서 그리스도와 영원히 함께 누릴 연합의 기초가 됩니다. 그러므로 그리스도와의 연합은 신자가 현재적 구원을 누리며 살아가는 실제적인 근거로서, 매일의 삶 속에서 예수님의 생명과 능력이 드러나게 하는 통로가 됩니다.

함께 나누어요 ❹

예수님과의 연합을 경험한 후에 당신의 일상('가정'과 '학교'와 '직장'과 '교회' 등)에서 뚜렷하게 달라진 점에 무엇이 있나요?
　① 말과 행동이 전보다 부드럽고 온유해졌다.
　② 문제를 만났을 때 기도부터 하게 되었다.
　③ 웃음 띤 얼굴로 주변 사람들을 맞게 되었다.
　④ 삶의 목표가 하나님의 뜻에 맞춰서 조정되었다.

② 미래적 구원(Future Salvation)

　신앙인들의 미래적 구원은 '영화'(榮化, Glorification)를 가리킵니다. 영화는 구원의 궁극적인 완성으로서, 신자가 재림하시는 예수 그리스도와 더불어 영원토록 함께 거하게 될 때 영화가 이루어집니다. 영화를 다음과 같이 구체적으로 정의할 수 있습니다. "영화란 예수 그리스도의 재림 시 신자의 몸이 부활될 때, 신자의 영과 육이 함께 온전히 거룩해지는 구원 사건이다." 영화는 '지금'이 아니라 그리스도께서 재림하실 때에 일어나는 미래적 사건입니다. 즉 신자의 거룩함이 완성되는 사건입니다. 이렇듯 영화는 신자가 소망하며 기다리는 미래적 구원의 절정입니다. 그날에 신자는 모든 죄와 연약함에서 완전히 해방되어, 영광스러운 몸으로 하나님 나라에서 영원한 삶을 누리게 됩니다.

함께 나누어요 ❺

미래에 이루어지는 영화를 소망 중에 기다릴 때, 신자가 지금 현재의 삶을 어떻게 살아야 될까요? 미래에 이루어지는 영화를 소망 중에 기다릴 때, 신자가 지금 현재의 삶을 어떻게 살아야 될까요?

함께 나누어요 ❻

'신자가 지금 이 땅에서 체득해 나가는 거룩함과 영화의 순간에 완성될 거룩함!' 둘 사이에 어떤 차이가 있겠습니까?
① 지금의 거룩함은 성장 중이지만, 영화의 거룩함은 완전하다.
② 지금은 죄와 싸우지만, 영화의 거룩함에는 죄가 전혀 없다.
③ 지금은 이리저리 흔들리지만, 영화의 거룩함은 흔들림이 없다.
④ 지금은 훈련의 과정에 있지만, 영화의 거룩함에는 훈련의 과정이 없다.

2. 구원의 확신(Assurance of Salvation)

구원의 확신은 신자에게 흔들림 없는 평안과 담대함을 주는 신앙에서 매우 본질적인 요소입니다. 성경은 하나님께서 우리 신자들에게 선물로 주신 구원이 안전하다고 말씀합니다(롬 8:37-39).

[로마서 8:37-39]
"37 그러나 이 모든 일에 우리를 사랑하시는 이로 말미암아
우리가 넉넉히 이기느니라
38 내가 확신하노니 사망이나 생명이나 천사들이나 권세자들이나
현재 일이나 장래 일이나 능력이나
39 높음이나 깊음이나 다른 어떤 피조물이라도
우리를 우리 주 그리스도 예수 안에 있는
하나님의 사랑에서 끊을 수 없으리라"

신자의 구원이 안전하기에 신자는 자신의 구원에 대해서 확신을 가질 수 있습니다. 하나님께서 신자에게 주신 구원은 없어지거나 사라지지 않습니다. 왜냐하면 신자의 구원이 변함이 없으시고 뜻을 변개치 않으시는 하나님의 선물이기 때문입니다('하나님의 선물로서의 구원', 엡 2:8).

[에베소서 2:8]
"너희는 그 은혜에 의하여 믿음으로 말미암아 구원을 받았으니
이것은 너희에게서 난 것이 아니요 하나님의 선물이라"

이것을 다음과 같이 정리할 수 있습니다. "신자들의 구원 확신의 근거는 궁극적으로 하나님께 있다. 하나님께서 나의 구원을 보장해 주신다." 하나님께서 행하신 일이기에, 하나님께서 구원해 주셨기에, 신자는 하나님께서 나의 구원을 지켜주신다는 것을 믿어야 합니다. 이 믿음을 가지고 인내하면서 나의 구원을 이루어 가야 합니다. ('성도의 견인').

① 성도의 견인(Perseverance of Saint)

성도의 견인(堅忍)은 '성도가 굳게 참고 견딘다'는 뜻입니다. 견인에 있어서 중요한 것은 신자의 '믿음'과 '인내'입니다. 하나님의 보호하심과 인도하심 속에서 시작된 나의 구원이 완성을 향해서 나아감에 있어서 인내가 중요합니다. 그리고 성도의 견인에 있어서 또 하나 중요한 것이 '하나님의 약속'입니다. 성도가 무엇을 신뢰하면서 인내하겠습니까? 약속으로 주신 하나님의 말씀을 믿을 때 인내할 수 있습니다. 성도는 예수 그리스도를 믿는 자를 구원하시겠다는 약속의 말씀(요 3:16)을 신뢰하고 인내하면서 신앙 여정을 충실히 걸어가는 사람입니다.

[요한복음 3:16]
"하나님이 세상을 이처럼 사랑하사 독생자를 주셨으니
이는 그를 믿는 자마다 멸망하지 않고 영생을 얻게 하려 하심이라"

이 약속의 말씀을 굳게 붙잡을 때, 신자는 삶의 어려움과 고난 가운데서도 흔들리지 않고 다시금 굳건히 일어날 수 있습니다. 이유는 구원을 약속하신 하나님은 신실하신 분이시기 때문입니다. 하나님의 신실하심을 바라보며 인내할 때, 그의 신앙이 더욱 깊어지고 성숙해집니다. 이처럼 성도의 견인은 구원의 완성을 향한 여정을 지속할 수 있는 원동력이 됩니다. 성도는 하나님의 약속이 성취되는 날을 소망하면서, 참고 견디면서 믿음의 여정을 묵묵히 걸어가야 합니다.

성경에서 성도의 견인 교리를 대표하는 사람이 야고보 사도입니다. 야고보(James)는 예루살렘 교회의 지도자로서, 가혹한 박해와 내부의 갈등 속에서도 굳건히 인내하면서 믿음을 놓지 않았습니다. "시험을 만나거든 온전히 기쁘게 여기라"(약 1:2-4)는 그의 권면은 고난 속에서 믿음의 인내를 강조하는 성도의 견인 교리와 일치합니다.

[야고보서 1:2-4]
"2 내 형제들아 너희가 여러 가지 시험을 당하거든
온전히 기쁘게 여기라

3 이는 너희 믿음의 시련이 인내를 만들어 내는 줄 너희가 앎이라
4 인내를 온전히 이루라 이는 너희로 온전하고 구비하여
조금도 부족함이 없게 하려 함이라"

성도의 견인은 구원의 확신을 더욱 굳게 해 주는 실제적인 증거입니다. 인내하면서 믿음을 지켜낼 때, 신자는 자신이 하나님의 손안에 안전하게 붙들려 있음을 경험하게 됩니다.

성경이 구원 확신의 근거를 어디에 두고 있나요?
① 신자의 감정과 체험에 둔다.
② 신앙 공동체의 전통에 둔다.
③ 변함없으신 하나님의 약속과 은혜에 둔다.
④ 인간의 노력과 공로에 둔다.

② 구원의 보증(Guarantee of Salvation)

하나님은 신자에게 구원이 확실히 이루어질 것임을 보장하시는 분이십니다. 바울은 "너희 안에서 착한 일을 시작하신 이('하나님')가 그리스도 예수의 날까지 이루실 줄을 확신한다"고 말씀합니다(빌 1:6). 이처럼 하나님께서 구원을 보증하시기에 신자의 구원은 확실합니다. 구원의 보증은 하나님이 주시는 약속과 성령님의 역사하심에 근거합니다(엡 1:13-14). 신앙인들은 하나님의 약속과 성령님의 역사하심 속에서 자신의 구원이 어떻게 이루어져 가는지를 삶 속에서 경험하게 됩니다.

[에베소서 1:13-14]
"13 그 안에서 너희도 진리의 말씀 곧 너희의 구원의 복음을 듣고
그 안에서 또한 믿어 약속의 성령으로 인치심을 받았으니

14 이는 우리 기업의 보증이 되사 그 얻으신 것을 속량하시고
그의 영광을 찬송하게 하려 하심이라"

　성령은 신자가 구원받은 자임을 확증해 주고, 그 구원이 완성될 때까지 계속 인도하시고 보호하시는 분입니다. 신자 안에 지속적으로 내주하시면서 구원을 보증하십니다('성령의 내주하심'). 성령의 내주하심은 신자로 하여금 하나님의 자녀로서 그분의 뜻을 이해하고, 그분의 구원을 신뢰하도록 합니다. 성령은 신자에게 그가 하나님의 자녀 됨을 증거하면서, 구원의 여정을 끝까지 함께 하시는 분입니다. 성령께서 그때그때마다 신자의 마음에 하나님의 자녀라는 확신을 심어 주십니다. 신자가 구원을 잃지 않도록 도와줍니다. 성령은 신자가 끝까지 믿음을 지킬 수 있도록 구원을 보증하시는 분입니다.

함께 나누어요 ❽

구원의 보증의 근거로 성경이 가장 분명하게 말하는 것이 무엇인가요?

　① 신자의 열심과 헌신

　② 하나님의 약속과 성령님의 역사하심

　③ 인간의 지혜와 경험

　④ 상황에 따라서 달라지는 확신

지금까지 "구원 이야기"라는 주제로 성경 공부를 하였습니다. 성경 공부를 통해서 깨달은 점이나 마음에 남은 은혜나 새롭게 얻은 통찰을 간단하게 적어 보시기 바랍니다. 이 기록이 앞으로 하나님과 함께 걸어갈 믿음의 여정을 새롭게 준비하는 소중한 흔적이 될 것입니다.

예시

성경 공부를 통해서 구원이 과거의 사건이 아니라, 현재의 성화와 미래의 영화까지 이어지는 하나님의 거대한 구원 여정임을 깨달았습니다. 특히 성령께서 내 안에 내주하시면서 끝까지 내가 구원을 받았음을 보증해 주신다는 사실이 큰 위로와 소망이 되었습니다. 이제부터 흔들림 없는 믿음과 인내로 하나님 나라를 향해서 성실하게 걸어가고 싶습니다.

성경 공부를 통해서 얻은 통찰 메모하기

교회 이야기

6과. 교회 이야기(1)

1. 교회가 무엇인가?

　① 교회에 대한 잘못된 정의

　② 교파주의에 머무는 교회 이해

　③ 종교적 기능을 감당하는 교회 이해

　④ 교회의 참된 의미가 무엇인가?

2. 교회의 존재 목적

　① 하나님의 영광을 위해서 존재하는 교회

　② 성도들을 영적으로 성숙하게 이끄는
　　교회

　③ 세계 복음화를 위해서 존재하는 교회

　④ 하나님 나라의 확장을 위해서 존재하는
　　교회

6과. 교회 이야기(1)

학습 포인트

1. 교회가 건물이나 제도가 아닌, 그리스도께 속한 공동체임을 알게 한다.
2. 교회가 세상 속에서 하나님 나라를 확장하는 사명을 감당해야 함을 배운다.
3. 교회의 본질이 하나님께 영광 돌리고 성도를 세우는 데 있음을 살펴본다.
4. 교회가 복음 전파를 통해서 모든 민족을 제자 삼는 사명을 가짐을 알게 한다.

교회는 외형상 세속 사회에 존재하지만 세상과 구별되는 '거룩한 공동체'입니다(고전 1:2).

[고린도전서 1:2]
"고린도에 있는 하나님의 교회
곧 그리스도 예수 안에서 거룩하여지고
성도라 부르심을 받은 자들과 또 각처에서 우리의 주
곧 그들과 우리의 주되신 예수 그리스도의 이름을 부르는
모든 자들에게"

그리스도인은 하나님께 부르심을 받은 사람이고, 교회(敎會)는 그 사람들의 모임입니다. 성경은 교회를 가리켜서 영원 전부터 하나님 속에 감추어져 있던 신비한 비밀이라고 말씀합니다(엡 3:9).

[에베소서 3:9]
"영원부터 만물을 창조하신 하나님 속에 감추어졌던 비밀의 경륜이
어떠한 것을 드러내게 하려 하심이라"

교회의 기원은 구약 성경으로까지 올라갑니다. 하나님은 구약시대에 이스라엘 백성들을 불러서 당신의 백성으로 삼으셨습니다(출애굽기의 내용). 신약 시대에는 사람들로 하여금 예수 그리스도를 믿고 따르게 하시면서, 그 사람들로 하여금 교회(초대교회)를 이루게 하셨습니다. 구약성경에서 시작된 교회 개념이 신약성경으로까지 이어지고 있음을 보게 됩니다('구약 성경에서 신약 성경으로 이어지는 교회 개념의 연속성').

이 시대에 교회의 권위가 크게 흔들리고 있지만, 그럼에도 교회는 여전히 하나님의 위대한 사역을 이루기 위하여 존재하는 가장 중요한 공동체입니다. 따라서 오늘 우리 시대의 희망은 교회로 하여금 교회되게 하는 것, 즉 '진정한 교회 본질의 회복'에 있습니다.

함께 나누어요 ❶

'거룩한 공동체로서의 교회!' 이것이 어떤 느낌으로 다가오나요?
① 하나님이 기뻐하시는 '천국 가족' 안에 속해 있다는 든든함이 느껴진다.
② 서로 다르지만, 하나님의 뜻 안에서 하나로 엮이는 기쁨이 생각난다.
③ 거룩하게 살아가야 한다는 책임 의식과 도전 의식이 동시에 떠오른다.
④ 일상 속에서도 교회 공동체의 거룩함이 드러나야 한다는 부담감이 느껴진다.

함께 나누어요 ❷

현대 사회에서 교회의 권위가 흔들리는 주된 원인이 무엇이라고 생각하나요? 교회가 이 문제를 어떻게 극복할 수 있을까요?

1. 교회가 무엇인가?(Church)

먼저 교회의 정의를 보기 전에 교회에 대한 잘못된 정의부터 살펴보겠습니다. 교회를 올바로 이해하기 위해서는 먼저 성경이 말하지 않는, 잘못된 관점들을 짚어보는 것이 필요합니다. 그릇된 이해를 바로잡을 때 비로소 교회의 참된 의미가 분명해지기 때문입니다.

① 교회에 대한 잘못된 정의(Misconceptions)

교회를 건물(building)로 알고 있는 사람들이 많습니다. 비신앙인들 대부분이 이렇게 알고 있습니다. 그런데 성경은 교회를 건물이라고 말하지 않습니다. 우리가 교회라고 부르는 건물은 '예배당'(하나님께 예배드리는 곳, '장소 개념')입니다. 따라서 교회를 단지 외적인 건물로 인식하는 것은 성경에서 벗어난 이해입니다. 성경이 말하는 교회는 건물이 아니라, 예수 그리스도를 머리로 한 신앙인들의 공동체입니다.

② 교파주의에 머무는 교회 이해(Denominationalism)

신약 성경은 교회를 예수 그리스도의 몸으로 표현하면서 본질적으로 하나임을 강조하지만, 오늘날 많은 교회들은 장로교, 감리교, 침례교, 오순절 등, 수많은 교파별 구분 속에 갇혀 있습니다. 안타깝게도 교파의 차이가 단순한 표현 방식의 다양성을 넘어서, 서로를 구별하고 분리하는 벽으로 작용하고 있습니다. 이러한 교파 중심적 사고는 신앙의 풍성함을 드러내지 못하고, 분열과 갈등을 확장 시킵니다. 따라서 교회가 본질보다 제도와 전통에 더 얽매이게 되고, 서로의 사역을 존중하기보다 경쟁하거나 무시하는 모습을 보여줍니다. 이렇게 교파주의에 머무는 교회는 하나 됨의 본질을 잃어버리고, 예수님의 뜻과도 멀어지는 위험에 빠지게 됩니다.

교회를 지나치게 교파별로 구분하는 것이 바람직하지 않은 이유가 무엇인가요?

③ 종교적 기능을 감당하는 교회 이해(Religious Role)

　한편 사회학자들은 교회를 종교적 기능을 감당하는 공동체로 이해합니다. 하지만 이런 이해는 교회에 대한 지극히 편파적인 이해입니다. 교회는 '종교적 기능을 감당하는 공동체 이상'입니다. 교회는 세상 속에서 하나님의 나라를 구현하는 사명 공동체입니다. 사회학적 관점이 교회를 종교적 기능을 수행하는 모임으로 축소시키지만, 사실상 교회는 하나님의 사랑과 진리와 정의와 자비를 실제 삶 속에 녹여내면서 이 세상을 변화시키는 역할을 감당해 왔습니다. 역사적으로 교회는 교육과 의료와 구호 활동을 통해서 사회 구조 개선에 앞장서 왔으며, 오늘날에도 무너진 도덕적 가치와 훼손된 창조 질서 앞에서 복음이 요구하는 행동적 증언을 멈추지 않고 있습니다. 따라서 교회를 단순히 종교적 기능만 수행하는 집단으로 한정하는 것은 교회의 본질과 사명을 심각하게 왜곡하는 잘못된 이해입니다.

④ 교회의 참된 의미가 무엇인가?(True Meaning of the Church)

　그러면 교회의 참된 의미는 무엇일까요? 교회의 히브리어 카할(קָהָל)과 헬라어 에클레시아(ἐκκλησία)는 모두 '사람들의 집합체로서의 모임'(assembly)을 뜻합니다. 곧 '사람들의 모임 자체'가 교회입니다. 그런데 사람들의 모임 자체를 교회라고 정의하는 데에서 멈춘다면, 이것은 성경적인 의미의 교회에 도달하지 못하는 셈이 됩니다. 성경적 의미의 교회에 도달하기 위해서는 '모임으로서의 교회 상'에 신학적인 의미를 올바르게 부여해야 합니다.

올바른 교회 이해에 있어서 우리가 고려해야 하는 것이 있습니다. 어떤 사람들의 모임인가? 무엇을 목적으로 한 모임인가? 모임의 성격과 목적이 무엇인가? 이러한 것들입니다. 신학적으로 모임의 성격과 목적을 살펴봤을 때 교회에 대한 성경적인 정의를 다음과 같이 내릴 수 있습니다. "교회는 세상에서 불러냄을 받아서 주 예수 그리스도에게 속한 사람들이 주님의 이름으로 주님의 뜻을 이루기 위해서 소집된 모임이다."

이 정의는 고린도전서 1장 2절에 기초합니다.

[고린도전서 1:2]
"고린도에 있는 하나님의 교회 곧 그리스도 예수 안에서
거룩하여지고 성도라 부르심을 받은 자들과
또 각처에서 우리의 주 곧 그들과 우리의 주 되신
예수 그리스도의 이름을 부르는 모든 자들에게"

결론적으로 우리는 교회를 이 세상으로부터 불러냄을 받아서 그리스도에게 속한 모임으로, 즉 이 세상과 구별되는 성별(聖別)된 모임으로 정의할 수 있습니다.

교회는 신자 개개인이 하나님과의 인격적 관계 속에서 성장해 가는 '영적 성장의 장'입니다. 교회 공동체의 구성원들 전체는 각자를 세워주는 몸의 지체로 이해됩니다. 머리 되신 그리스도와의 연합을 통해서 서로의 필요를 채우고, 다양한 은사를 조화롭게 활용함으로써 사회적, 문화적 다양성 속에서도 한 몸 됨을 실현합니다. 나아가서 교회는 하나님 나라의 가치를 실현하면서 세상을 비추는 빛과 소금의 역할을 감당합니다. '하나님의 나라를 세상에 확장시키는 살아 있는 기관'이 교회입니다.

하나님께서 신자들을 교회로 부르신 목적이 있습니다. 교회가 세상 속에 존재하도록 하기 위함입니다. 세상 속에서의 교회의 존재 목적이 무엇인가요?

① 복음을 전하면서 세상 속에 하나님의 나라를 넓혀가는 것

② 사랑과 섬김으로 예수님의 성품을 보여주는 것

③ 진리로 세상을 분별하고 거짓에 맞서 싸우는 것

④ 서로 격려하면서 믿음의 공동체를 건강하게 지켜가는 것

2. 교회의 존재 목적(Purpose of the Church)

모든 공동체('국가 공동체', '학교 공동체', '교회 공동체' 등)는 자신들만의 존재 목적을 가지고 있습니다. 예컨대 학교 공동체는 학생들을 가르쳐서 그들로 사회와 국가와 인류 발전에 이바지하도록 만든다는 목적을 갖습니다. 또한 기업 공동체도 좋은 제품을 만들어서 이윤을 남기고 소비자들에게 만족과 유익을 준다는 목적을 갖습니다. 이렇게 세속 사회의 공동체들이 자신들만의 존재 목적을 갖듯이, 신앙 공동체인 교회도 역시 교회만의 고유한 존재 목적을 가지고 있습니다.

① 하나님의 영광을 위해서 존재하는 교회(Glory of God)

신앙 공동체인 교회가 하나님의 영광을 위해서 존재한다는 것은 지극히 당연합니다. 사도 바울은 고린도 교회와 성도들에게 그리스도인들('교회')의 존재 목적이 '하나님께 영광을 올려 드리는 것'이라고 선포합니다(고전 10:31).

[고린도전서 10:31]
"그런즉 너희가 먹든지 마시든지

또한 예수님께서도 마태복음 5장에서 그리스도인들(교회)을 세상의 빛과 소금이라고 하시면서, 그들의 행실을 통해서 하나님 아버지께 영광을 돌리라고 가르치셨습니다(마 5:13-16).

[마태복음 5:13-16]
"13 너희는 세상의 소금이니
소금이 만일 그 맛을 잃으면 무엇으로 짜게 하리요
후에는 아무 쓸 데 없어 다만 밖에 버려져
사람에게 밟힐 뿐이니라
14 너희는 세상의 빛이라
산 위에 있는 동네가 숨겨지지 못할 것이요
15 사람이 등불을 켜서 말 아래에 두지 아니하고 등경 위에 두나니
이러므로 집 안 모든 사람에게 비치느니라
16 이같이 너희 빛이 사람 앞에 비치게 하여
그들로 너희 착한 행실을 보고
하늘에 계신 너희 아버지께 영광을 돌리게 하라"

교회가 하는 모든 예배와 사역과 봉사는 궁극적으로 하나님께 영광을 돌리는 것을 최우선 목표로 삼아야 합니다. 교회의 우선되는 목적이 하나님께 영광 올려드리는 일에 있음을 기억하시기 바랍니다.

함께 나누어요 ❺

대부분의 신앙인들은 하나님께 영광 올려드린다는 삶의 목적을 가지고 살아갑니다. 그런데 실상 삶을 돌아보면 하나님께 영광 올려드리기보다는, 하나님의 영광을 가릴 때가 더 많은 것 처럼 보입니다. 우리가 우리 고유의 삶의 목적에 번번이 실패하는 이유가 무엇인가요?
① 하나님의 영광보다 내 만족과 편안함을 더 우선시하기 때문에

② 순간의 감정이나 유혹에 쉽게 휘둘리기 때문에

③ 말씀과 기도로 마음을 지키는 훈련이 부족하기 때문에

④ 하나님의 관점보다 세상의 기준으로 성공을 판단하기 때문에

② 성도들을 영적으로 성숙하게 이끄는 교회(Spiritual Maturity)

하나님께서 교회 지도자들(사역자들)에게 은사를 주셔서 사역을 감당케 하시는 궁극적인 목적은 성도들이 온전한 사람(성숙한 믿음의 사람)을 이루어 그리스도의 장성한 분량에 이르도록 믿음을 자라게 만들려는 데에 있습니다(엡 4:13).

[에베소서 4:13]
"우리가 다 하나님의 아들을 믿는 것과 아는 일에 하나가 되어
온전한 사람을 이루어 그리스도의 장성한 분량이
충만한 데까지 이르리니"

베드로도 성도들의 영적 성숙과 관련해서 다음과 같이 권면합니다. "갓난 아기들 같이 순전하고 신령한 젖을 사모하라 이는 그로 말미암아 너희로 구원에 이르도록 자라게 하려 함이라"(벧전 2:2). 이처럼 성도들의 믿음을 자라가게 만드는 것은 교회(엄밀히 말해서 '교회의 교역자')가 감당해야 하는 또 하나의 중요한 사역에 해당됩니다. 교회는 성도들이 말씀과 기도로 훈련받아 성숙한 신앙인으로 세워지도록 지속적으로 돕는 사명을 감당해야 합니다.

함께 나누어요 ❻

기독교 신학자들은 성도들을 영적으로 성장하도록 하기 위해서 가장

③ 세계 복음화를 위해서 존재하는 교회(Global Evangelization)

교회는 또한 복음을 전하는 사명을 감당해야 합니다.

[마태복음 28:19-20]
"그러므로 너희는 가서 모든 족속을 제자로 삼아
아버지와 아들과 성령의 이름으로 세례를 베풀고
내가 너희에게 분부한 모든 것을 가르쳐 지키게 하라
볼지어다 내가 세상 끝날까지
너희와 항상 함께 있으리라 하시니라"

이 말씀에서 볼 수 있듯이 예수님은 제자들을 향한 마지막 명령을 세계 복음화로 끝맺음하셨습니다. 예수님의 명령에 순종해서 예수님의 제자들은 땅끝까지 가서 복음을 전했습니다. '땅끝까지 복음을 전하라고 말씀하신 예수님과 그 말씀에 순종한 예수님의 제자들!' 오늘날의 교회도 예수님의 제자에 해당됩니다. 따라서 땅끝까지 복음을 전하라는 예수님의 명령에 순종할 거룩한 의무를 감당해야 합니다. 그러므로 교회는 시대와 문화를 넘어서 모든 민족에게 복음을 전하는 사명을 멈추지 말아야 합니다.

함께 나누어요 ❼

④ 하나님 나라의 확장을 위해서 존재하는 교회(Expansion)

하나님 나라는 지금 이 땅에서 이미 시작된 하나님의 통치와 다스림을 의미합니다. 가치(value)의 관점에서 하나님 나라는 진리와 의로움과 사랑과 자비와 평화와 같은 '하나님의 성품'이 우리 삶의 영역에 실현됨을 의미합니다. 성령의 임재를 통해서 서로 섬기며 연합하고 소외된 이웃을 돌보면서 하나님의 통치가 확장되는 삶의 모습이 하나님 나라의 현주소입니다. 하나님 나라는 진리와 사랑이 넘치는 가치의 실현이자, 그 가치들이 이 땅에서 점진적으로 완성되어 가는 현실적 사역입니다.

교회는 이 땅 가운데에 하나님 나라를 확장시키는 사명을 감당해야 합니다. 마가복음 기자는 예수님이 이 땅에 오신 목적을 다음과 같이 소개합니다(막 1:15).

[막 1:15]
"이르시되 때가 찼고 하나님의 나라가 가까이 왔으니
회개하고 복음을 믿으라 하시더라"

이 말씀은 예수님께서 복음을 전파하시던 중에 하셨던 말씀입니다. 이를 통해 이 땅에 오셔서 예수님께서 하신 일이 크게 '복음 전파'와 '하나님 나라의 확장'으로 양분됨을 알게 됩니다. 우리는 복음 전파보다도 하나님 나라의 확장이 더 커다란 개념인 것을 알아야 합니다. 사람들에게 복음을 전파하는 궁극적인 목적이 하나님 나라를 확장시키는 데에 있다는 것입니다. 교회가 예수님을 본받아서 이 땅 가운데에 하나님 나라를 확장시킬 거룩한 의무와 책임을 갖습니다.

313년 기독교가 로마의 국교가 된 이후, 중세교회는 사회 전반을 지배하면서, 그 사회를 하나님 나라로 여겼습니다. 그러나 오늘날 중세 시대는 억압과 탄압의 시대로 평가됩니다. 이를 통해 교회가 세상을 통치한다고 해서 하나님의 나라가 이루어지는 것이 아님을 알 수 있습니다. 하나님 나라를 바르게 이루려면, 먼저 하나님 나라의 참된 의미를 바르게 아는 것이 중요합니다. 나는 하나님 나라를 어떻게 이해하고 있습니까?

① 하나님 나라는 권력과 힘이 아니라 복음과 사랑으로 세워진다고 생각한다.

② 하나님 나라는 교회 안에만 머무는 것이 아니라 세상 속에서도 드러나야 한다고 본다.

③ 하나님 나라는 완벽한 세상 질서보다 하나님의 뜻이 이루어지는 관계 속에서 시작된다고 생각한다.

④ 하나님 나라는 지금 여기서부터 시작이 되지만, 그 완성은 예수님의 재림 때 이루어진다고 생각한다.

지금까지 "교회 이야기"라는 주제로 성경 공부를 하였습니다. 성경 공부를 통해서 깨달은 점이나 마음에 남은 은혜나 새롭게 얻은 통찰을 간단하게 적어 보시기 바랍니다. 이 기록이 앞으로 하나님과 함께 걸어갈 믿음의 여정을 새롭게 준비하는 소중한 흔적이 될 것입니다.

예시

성경 공부를 통해서 교회가 모이는 장소나 제도적 조직을 넘어서, 하나님께서 부르신 거룩한 공동체라는 사실을 다시금 깨달았습니다. 세상 가운데서 교회의 본질을 회복하고 하나님의 나라를 확장하는 사명을 감당해야 한다는 책임감도 새롭게 갖게 되었습니다. 나 또한 이 공동체의 한 지체로서 거룩한 삶을 살아갈 것을 다짐해 봅니다.

교회
이야기

7과. 교회 이야기(2)

1. 교회의 의식
   ① 세례
   ② 성만찬
2. 교회의 역할
   ① 코이노니아
   ② 마르티리아
   ③ 디아코니아

7과. 교회 이야기(2)

1. 신자에게 세례가 죄 사함과 새 삶의 시작에 대한 상징임을 배운다.
2. 성만찬이 십자가의 은혜를 기억하고 재림의 소망을 갖도록 함을 알게 한다.
3. 교회가 세상에서 하나님 나라의 가치를 실현하는 기관임을 알게 한다.
4. 교회의 사명이 예배와 전도와 가르침과 봉사를 통해 세상을 변화시키는 데 있음을 배운다.

교회의 의식(rite)은 기독교 신앙의 본질적인 내용을 담고 있습니다. 교회의 의식은 하나님을 믿는 신자들의 믿음의 표현 양식입니다. 복음주의 기독교에서는 역사적으로 세례와 성만찬(주의 만찬)을 교회의 의식으로 인정해 왔습니다. (개신교와 달리 로마 가톨릭에는 7가지의 성례 의식이 있습니다).

세례와 성만찬은 단순한 의례를 넘어서 교회의 정체성과 신앙고백을 구체적으로 드러내는 표지가 됩니다. 먼저 세례는 죄 사함과 새 생명을 의미하며, 물을 통과하는 행위를 통해서 옛사람과 죽음을 벗어나서 그리스도 안에서 새 사람으로 거듭났음을 상징합니다. 세례를 받는 순간 신자는 교회 공동체에 공식적으로 편입되어 예수 그리스도의 몸 된 교회의 지체가 됩니다.

성만찬은 예수님께서 최후의 만찬에서 제정하신 의식으로, 빵과 포도주를 나누며 그리스도의 십자가 죽음과 부활을 기억하는 의식입니다. 빵은 그의 몸을 의미하고 포도주는 그의 피를 의미하며, 이를 통해 신자들은 매번 성찬식에 참여할 때마다 예수 그리스도의 구속 사역을 생생히 되새깁니다. 또한 성만찬은 성령의 역사로 신자들 사이에서 영적 연합을 이루며, 공동체가 한 몸으로서 서로를 섬기고 겸손히 섬김을 실천하는 장이 됩니다.

세례와 성만찬은 하나님의 구원 역사에 동참하겠다는 '신앙고백'이자, 사명을 신실하게 구현하겠다는 '다짐'입니다. 세례와 성만찬을 통해서 신자들은 예수 그리스도와의 연합을 확인하고, 세상 속에서 복음을 살아내는 사명을 새롭게 다짐하게 됩니다.

1. 교회의 의식(Rite of the Church)

① 세례(Baptism)

세례란 신자가 그리스도의 죽으심과 장사 지내심과 부활의 사건과 연합되는 사건입니다. 세례는 신자가 그리스도를 믿음으로 인해서 죄에 대해서는 죽고, 하나님과의 관계에 있어서는 다시 살았다는 것을 드러내 주는 '외적 표지'입니다(롬 6:3-4, 골 2:12, 벧전 3:21).

[로마서 6:3-4]

"3 무릇 그리스도 예수와 합하여 세례를 받은 우리는

그의 죽으심과 합하여 세례를 받은 줄을 알지 못하느냐

4 그러므로 우리가 그의 죽으심과 합하여 세례를 받음으로

그와 함께 장사되었나니 이는 아버지의 영광으로 말미암아

그리스도를 죽은 자 가운데서 살리심과 같이

우리로 또한 새 생명 가운데서 행하게 하려 함이라"

신약 성경에 보면 복음을 듣고 예수 그리스도를 믿어 그리스도인이 된 사람들에게 예외 없이 신앙고백의 행위인 세례가 요청된 것을 볼 수 있습니다(마 28:19, 행 2:38; 8:12, 36, 38; 18:8). 오늘날도 마찬가지입니다. 오늘날에도 죄로부터 돌이켜서 하나님을 섬기기로 작정한 사람(회개한 사람)과 회개에 합당한 열매를 맺고자 하는 사람은 세례를 받아야 합니다.

내가 세례를 받을 때(혹은 누군가가 세례받는 장면을 볼 때) 마음에 남았던 장면이나 느낌은 무엇이었나요?

① 세례가 내 믿음이 '개인적인 결심'에서 '공적인 고백'으로 확장되는 순간임을 느꼈다.

② 세례가 과거의 죄와 결별하고 새 삶을 시작하겠다는 영적 선언임을 느꼈다.

③ 세례가 예수님의 죽음과 부활에 나를 연결시키는 사건임을 느꼈다.

④ 세례가 교회 공동체의 한 지체로서 책임과 사명을 맡는 출발점임을 느꼈다.

교회에서 어느 정도의 세례 교육이 이루어져야 할까요?

보통 세례를 받는 방법은 세 가지로 나뉩니다. 물을 붓는 방법과 물을 뿌리는 방법과 완전히 물속에 잠기는 방법입니다('침례'). 물을 붓거나 뿌리고 물속에 완전히 잠기는 이 모든 행위들은 '청결'과 '정화'와 '결단'(신자가 예수님을 위해서 살겠다는 결단)의 의미를 갖습니다. 따라서 신앙인들은 개신교 세례에 있어서 '세례를 받는 방법'보다, '세례가 가진 의미'에 초점을 맞추어야 합니다. 세례는 물로 씻는 표식을 통해서 죄 사함을 받고 그리스도와 그의 교회에 연합되었음을 선포하는 예식입니다. 세례는 믿음을 고백하며 옛 사람과 함께 죽고 새 사람으로 다시 살아나는 상징적인 의미를 갖습니다. 세례에 있어서 신자가 자신이 내면적으로, 그리고 영적으로 변화된 하나님의 자녀가 되었다는 마음의 확신을 갖는 것이 핵심입니다.

② 성만찬(Eucharist)

성만찬은 예수님의 십자가 희생을 기억하며 그분과의 연합과 공동체의 하나 됨을 확인하고 장차 하나님 나라의 잔치를 소망하게 하는 거룩한 예식입니다. 고린도전서 11장에 '성만찬의 기원'이 잘 나타나 있습니다.

[고린도전서 11:23-26]
"23 내가 너희에게 전한 것은 주께 받은 것이니
곧 주 예수께서 잡히시던 밤에 떡을 가지사
24 축사하시고 떼어 이르시되 이것은 너희를 위하는 내 몸이니
이것을 행하여 나를 기념하라 하시고
25 식후에 또한 그와 같이 잔을 가지시고 이르시되
이 잔은 내 피로 세운 새 언약이니
이것을 행하여 마실 때마다 나를 기념하라 하셨으니
26 너희가 이 떡을 먹으며 이 잔을 마실 때마다
주의 죽으심을 그가 오실 때까지 전하는 것이니라"

우리는 이 구절을 통해서 성만찬의 기원이 예수님께 있음을 알게 됩니다. 성만찬은 예수님을 자신의 구세주로 고백한 사람들이 '떡'(예수님의 몸을 의미함)과 '포도주'(예수님의 피를 의미함)를 먹고 마시면서 구원받은 하나님의 자녀인 것을 확인하는 의식입니다. 신자들에게 성만찬 의식은 다음과 같은 구체적인 의미를 갖습니다. "성찬식을 통해서 신자들은 그리스도를 다시금 뵙고 경험한다." 성만찬 시에 신앙인들은 나를 위해서 죽으신 그리스도의 희생을 기억합니다('과거적 측면'). 그리스도인으로서 지금 살고 있는 나의 삶을 돌아봅니다('현재적 측면'). 그리스도께서 다시 이 땅 가운데 오실 것을 소망합니다('미래적 측면').

ⓐ 화체설(Transubstantiation)

화체설은 가톨릭교회에서 채택한 입장입니다. 가톨릭은 성찬 시에 빵과 포도주가 그리스도의 몸과 피로 본질적으로 변화된다고 봅니다. 떡과 포도

주의 '외형'(종류와 모양과 맛)은 그대로지만, '본질'(substance)이 완전히 변형된다고 말합니다. 이 교리가 트렌트 공의회(1545-1563년)에서 공식적으로 확정되어서 가톨릭 신앙의 핵심 교리로 자리를 잡았습니다. 화체설을 받아들임으로써 신자들은 성찬식을 단순한 기념 의식을 넘어서, 그리스도의 실재 임재를 경험하는 신비로운 순간으로 받아들입니다.

ⓑ 공재설(Consubstantiation)

주로 독일의 루터교 전통에서 채택한 입장입니다. 빵과 포도주의 '본질' 자체가 변하지는 않지만, 그리스도의 몸과 피가 떡과 포도주에 '함께'(with) 임재한다고 봅니다. 성찬 시에 빵은 빵대로, 포도주는 포도주대로 존재하되, 그 안에 실제적인 그리스도의 현존이 병존한다고 봅니다. 공재설은 성찬 시 신자들이 그리스도의 현존을 믿음으로 받아들이는 영적 체험을 중시합니다. 이 입장은 성찬식이 신자와 그리스도 사이의 인격적 교제를 깊게 하는 수단이 된다고 봅니다.

ⓒ 기념설(Memorialism)

종교개혁자 츠빙글리(Zwingli)와 일부 개혁주의 전통의 주요 입장입니다. 상징설이라고도 불리는 이 입장은 성찬을 그리스도의 죽음을 기념하는 의식으로 이해합니다(event). 빵과 포도주를 그리스도의 몸과 피를 상징하는 것(symbol)으로 보며, 성찬 시 실제적인 변화가 없다고 봅니다. 그리스도의 특별한 임재도 없다고 봅니다. 이 입장은 성찬을 통해서 신자들이 예수 그리스도의 희생을 마음에 되새기고, 그 의미를 공동체와 함께 나눈다고 여깁니다. 기념설은 성찬을 통해서 교회 공동체의 감사를 환기시키는 의례적 의미에 초점을 맞춥니다.

ⓓ 영적 임재설(Spiritual Presence)

칼빈의 장로교가 주로 채택하는 입장입니다. 성만찬 시 빵과 포도주 자체는 상징이지만, 성령의 역사로 신자들이 영적으로 그리스도의 몸과 피에 참여한다고 봅니다. 물질적인 변화는 없으나, 보이지 않는 영적 차원에서 그리스도와 신자들 사이에 '실재적 교통'(fellowship)이 이루어진다고 설명합니다. 이 입장은 성찬 시 신자들이 성령의 도우심으로 눈에 보이지 않는 그리스도와의 영적 교제를 경험한다고 얘기합니다. 영적 임재설은 성만찬을 통해서 그리스도와 신자들 사이에 이루어지는 '내적 연합'(union)과 하늘의 신령한 '은혜의 공급'(spiritual nourishment)을 강조합니다.

성찬식은 빵과 포도주를 먹고 마시는 행위입니다. 예수님께서 성찬을 제정해 놓으셨기에 초대교회는 매 예배 때마다 성찬식을 행했습니다. 이후의 교회 역사를 볼 때 정통에 속하는 모든 교회도 성찬식을 시행해 왔습니다. 신자들에게 성만찬 의식이 중요한 이유가 무엇인가요?

① 성찬이 예수님의 십자가 죽음과 부활을 기억하도록 하기 때문에
② 성찬이 예수님과의 영적 연합을 새롭게 확인하도록 하기 때문에
③ 성찬이 공동체 안에서 하나 됨을 경험하도록 하기 때문에
④ 성찬이 복음을 삶 속에서 다시 살아내도록 도전을 주기 때문에

2. 교회의 역할(Role of the Church)

성경은 교회가 빛의 역할과 소금의 역할을 감당해야 한다고 말씀합니다. 교회의 교회다움은 '교회가 얼마나 성실하게 자기 역할을 수행하는가'에 달려있습니다. 교회는 단지 예배당 안에만 머무는 공동체가 아닙니다. 예수님께서는 우리에게 "너희는 세상의 빛이요 세상의 소금이라"고 말씀하셨습니다(마 5:13-16). 이 말씀은 교회가 세상 속에서 선한 영향력을 끼쳐야 한다는 의미를 갖습니다('교회의 사명'). 일반적으로 교회가 감당해야 하는 3대 역할을 다음과 같이 분류할 수 있습니다. '코이노니아', '마르티리아', '디아코니아'

① 코이노니아(Koinonia)

코이노니아는 일반적으로 '사귐'과 '교제'를 의미합니다. 교회 공동체 내에서의 사귐은 수직적으로는 '하나님과의 교제'(예배와 기도)와 수평적으로는 '성도들 간의 교제'로 나뉩니다. 초대교회는 일찍이 주일을 예배드리는 날로 구별해서 지켰고, 또 예배를 드리던 중에 떡을 떼는 시간을 가졌습니다(행 20:7).

[사도행전 20:7]
"그 주간의 첫날에 우리가 떡을 떼려 하여 모였더니
바울이 이튿날 떠나고자 하여 그들에게 강론할새
말을 밤중까지 계속하매"

떡을 먹는 시간은 주님을 기억하면서 사귐을 갖는 시간이었고, 동시에 다른 성도들과 사랑의 교제를 나누는 시간이었습니다. 초대교회 전통을 이어받아서, 교회는 예배를 통해서 하나님과 깊은 사귐 속으로 들어가야 하며, 더불어서 믿음의 가족인 다른 이들과도 친밀한 교제를 이루어야 합니다. 교회는 코이노니아를 통해서 하나님의 사랑을 함께 나누고, 성도들이 서로를 세워 주는 신앙 공동체로 자라가야 합니다.

함께 나누어요 ❹

주님과의 깊은 사귐은 성도들 간의 따뜻한 교제를 위한 기초가 됩니다. 이 사귐은 성도들 사이의 친밀한 교제로 이어져야 합니다. 이렇게 되기 위해서 무엇이 필요할까요?

② 마르티리아(μαρτυρια)

헬라어 '마르티리아'는 문자적으로 '증거'와 '증인'의 의미를 갖습니다. 역사적으로 교회는 해외선교(foreign mission)와 국내 전도(home mission)를 예수 그리스도를 증거하는 두 손으로 여겼습니다. 초대교회는 성전에 있든지 집에 있든지 "예수님이 그리스도임을 가르치기와 전도하기"를 쉬지 않았습니다(행 5:42).

[사도행전 5:42]
"그들이 날마다 성전에 있든지 집에 있든지
예수는 그리스도라고 가르치기와 전도하기를 그치지 아니하니라"

나아가서 그들은 신속하게 바나바와 바울을 선교사로 세워서 해외선교를 착수하기도 했습니다(행 13:1-3).

[사도행전 13:1-3]
"1 안디옥 교회에 선지자들과 교사들이 있으니 곧 바나바와 니게르라 하는
시므온과 구레네 사람 루기오와 분
봉 왕 헤롯의 젖동생 마나엔과 및 사울이라
2 주를 섬겨 금식할 때에 성령이 이르시되
내가 불러 시키는 일을 위하여
바나바와 사울을 따로 세우라 하시니
3 이에 금식하며 기도하고 두 사람에게 안수하여 보내니라"

해외선교를 통해서만 주님의 지상명령인 '모든 족속을 제자로 삼으라는 말씀'에 순종할 수 있었기에 초대교회가 해외선교에 열심을 냈던 것입니다. 이것은 초대교회가 예수 그리스도의 복음을 세상 끝까지 전하려는 사명에 철저히 헌신했음을 보여 줍니다. 초대교회를 본받아서 이 시대의 교회는 '마르티리아의 역할', 즉 해외선교와 국내 전도를 충실히 감당해야 합니다.

함께 나누어요 ❺

우리 교회는 어떤 방식으로 해외선교와 국내 전도를 감당하고 있습니까?

③ 디아코니아(Diakonia)

디아코니아는 '섬김과 봉사'라는 뜻을 갖습니다. 넓은 의미에서 볼 때, 교회에서 하는 모든 일들이 섬김과 봉사에 속합니다. 교회의 섬김과 봉사를 크게 두 가지로 나눌 수 있습니다. '가르침의 섬김'과 '구제와 사회봉사'입니다.

ⓐ 가르침의 섬김(Teaching)

가르침의 섬김에 있어서 우리는 주님의 마지막 명령이 무엇인지를 생각해야 합니다. 주님의 마지막 명령은 '주님의 모든 교훈을 가르쳐 지키게 하라'는 것이었습니다(마 28:20). 따라서 신자가 세상에 나가서 가르치기 위해서는 먼저 성경의 가르침들('예수님의 가르침들' 포함)이 무엇인지를 올바르게 알아야 합니다. 그래야 세상에 나가서 가르침의 섬김을 올바르게 감당할 수 있기 때문입니다. 교회는 성도들이 말씀을 깊이 배우고 깨닫게 함으로써, 삶의 자리에서 복음을 전하고 말씀을 가르치는 일을 감당하도록 이끌어야 합니다.

ⓑ 구제와 사회봉사(Relief and Social Service)

예수님께서 말씀하신 이웃사랑의 가장 구체적인 실천은 구제였습니다. 초대교회는 구제를 당연히 감당해야 하는 의무로 간주했습니다(갈 2:10).

[갈라디아서 2:10]
"다만 우리에게 가난한 자들을 기억하도록 부탁하였으니
이것은 나도 본래부터 힘써 행하여 왔노라"

교회는 구제와 사회봉사의 사명을 통해서 예수님의 사랑을 구체적으로 나타내며, 도움이 필요한 이들에게 실제적인 희망을 전해야 합니다. 나아가서 세상 속에서의 이러한 섬김은 교회 공동체의 연대를 강화하는 계기가 됩니다. 교회는 세상에서 구제와 여러 봉사 활동들을 충실히 감당하면서, 빛과 소금의 역할을 감당하는 기관으로 우뚝 서야 합니다.

함께 나누어요 ❻

이 시대에 교회는 세상에 나가서 '구제와 사회봉사'를 비교적 활발하게 감당합니다. 하지만 첫 번째 '가르침의 섬김'은 활발하지 못한 것 같습니다. 가르침의 섬김을 활발하게 감당하려면, 어떻게 해야 할까요?

① 성경을 깊이 배우고 가르칠 수 있는 훈련과 교육을 강화한다.

② 말씀을 삶에 적용하는 실제 사례를 나누는 문화를 만든다.

③ 가르침의 사역에 더 많은 시간과 인력을 투자한다.

④ 다음 세대와 새 신자를 위한 맞춤형 성경 교육을 개발한다.

지금까지 "교회 이야기"라는 주제로 성경 공부를 하였습니다. 성경 공부를 통해서 깨달은 점이나 마음에 남은 은혜나 새롭게 얻은 통찰을 간단하게 적어 보시기 바랍니다. 이 기록이 앞으로 하나님과 함께 걸어갈 믿음의 여정을 새롭게 준비하는 소중한 흔적이 될 것입니다.

예시

성경 공부를 통해서 교회가 예배를 드리는 장소를 넘어서, 세상 속에서 빛과 소금의 역할을 감당하는 살아 있는 공동체가 되어야 함을 알게 되었습니다. 세례와 성찬이 단순한 예식이 아니라, 신앙의 고백이자 삶의 다짐이라는 점이 마음에 깊이 와닿았습니다. 앞으로는 교회의 본질과 사명을 기억하면서 일상 속에서 교회다움을 살아가는 신자가 되고 싶습니다.

교회 이야기

8과. 교회 이야기(3)

1. 교회의 여러 조직과 형태들
   ① 교황제도
   ② 감독제도
   ③ 회중제도
   ④ 장로제도
2. 교회의 다양한 이미지들
   ① 하나님의 백성으로서의 교회
   ② 하나님의 성전으로서의 교회
   ③ 하나님의 가족으로서의 교회
   ④ 그리스도의 몸으로서의 교회

8과. 교회 이야기(3)

1. 교회의 여러 제도와 형태가 사명을 위한 도구임을 알게 한다.
2. 다양한 교회 제도의 장단점을 살피며 복음이 교회의 핵심 본질임을 배운다.
3. 교회가 하나님의 백성과 성전과 가족과 몸으로서, 정체성과 사명을 지님을 알게 한다.
4. 교회가 과도한 분열을 지양하고, 복음화를 위한 협력을 추구해야 함을 배운다.

교회가 출현한 이후 역사 속에서 교회에 많은 제도와 형태들이 있었습니다. 교회의 제도들과 형태들은 시대적 상황에 발을 맞추면서 계속해서 변화하였고 발전해 왔습니다. 교회의 여러 조직과 형태들은 단순히 외형적인 틀이 아니라, 교회의 사명을 감당하기 위한 도구입니다.

예를 들면 초대교회는 '가정교회 형태'로 모여서 성찬과 말씀과 교제를 중심으로 공동체를 이루었습니다. 이후 교회가 성장하면서 '감독과 장로와 집사 같은 직분 제도'가 세워져 질서와 섬김을 체계적으로 감당할 수 있게 되었습니다. '중세교회'는 수도원과 성당을 중심으로 종교적, 사회적 기능을 담당하는 조직으로 발전했습니다. 종교개혁 이후에는 '성경을 중심으로 한 회중 예배'와 '목회자와 장로 중심의 제도'가 강화되면서, 모든 성도가 참여하는 교회 형태가 자리를 잡았습니다. 근현대에 들어와서는 선교회와 교육부서와 사회봉사 기관 등, 다양한 사역 조직들이 교회 안에 생겨났습니다. 오늘날에는 소그룹 네트워크를 활용한 새로운 교회 형태들도 나타나고 있습니다.

이러한 제도와 형태의 변화는 교회가 단순히 예배하는 공동체를 넘어서, 교육과 선교와 봉사활동을 통해서 세상과 소통하기 위함이었습니다. 교회의 조직과 형태는 시대와 상황에 따라 변화하지만, 그 목적은 언제나 동일합니다. 곧 하나님의 영광을 드러내고, 성도들을 세우며, 세상 속에 복음을 증언하는 데에 그 목적이 있습니다.

1. 교회의 여러 조직과 형태들(Various Organizations and Forms)

① 교황제도(Papal System)

교황제도는 베드로의 수위권을 기반으로 해서 만들어진 가톨릭교회의 제도입니다. 가톨릭교회는 교회를 유지하고 다스리는 최고 권위('사도적 계승권')가 교황에게 있다고 여깁니다. 따라서 가톨릭교회의 특징은 위계질서(hierarchy)에 있습니다. 최고의 권위를 가진 교황을 중심으로 전 세계의 가톨릭교회를 하나로 통괄합니다('중앙집권적 형태').

교황제도의 중앙집권적 구조 덕분에 가톨릭교회는 전 세계 어디서나 모든 교인들이 보편적 일치를 유지하는 장점을 갖습니다. 또한 조직화된 위계질서를 바탕으로 전 세계적으로 자선과 교육과 의료 네트워크를 운영하기 때문에 사회적 약자를 돌보는 구제 사역을 효과적으로 감당하는 것도 가톨릭의 장점입니다. 그러나 이러한 장점과 더불어 가톨릭교회는 강한 위계질서로 인해서 비민주적인 요소가 드러날 수 있으며, 또한 성직자 중심의 구조이기 때문에 평신도의 역할이 약화될 수 있는 여지도 함께 갖습니다.

② 감독제도(Episcopal Polity)

감독제도는 전체 교회를 다스리는 감독에 의해서 교회를 유지하는 제도입니다. 영국의 성공회와 독일의 루터교회와 감리교회가 감독제도를 가지고 있습니다. 감독제도는 가톨릭과 유사하지만, 가톨릭처럼 사제직을 엄격하게 구별하지 않고 탄력적으로 운영합니다. 영국의 성공회는 사제의 결혼과 여자가 사제가 되는 것을 허용했습니다(전 세계의 모든 성공회가 그런 것은 아닙니다). 한국의 감리교회도 감독제도를 기본으로 가지면서, 부분적으로 장로제도를 받아들이고 있습니다.

감독제도는 감독이 전체 교회를 한눈에 보고 조율하기 때문에 정책 결정과 실행이 신속하고 일관되게 이루어지는 장점을 갖습니다. 또한 감독이 교구 전체에 대해서 영적, 행정적 책임을 지기 때문에 문제 발생 시 책임 소재를 분명히 할 수 있는 것도 감독제도의 장점입니다. 그러나 감독제도는 과도한 중앙집권화의 위험성을 갖습니다. 감독에게 권한이 집중됨으로써 지역교회나 평신도의 자율성이 제한되는 문제점을 지닐 수 있습니다.

③ 회중제도(Congregational Polity)

회중제도는 평신도 중심의 교회입니다. 회중제도를 가진 대표적인 교파는 침례교와 미국 연합교회(United Church of Christ)와 일부 오순절 교단입니다. 회중제도는 교회의 모든 결정권을 전체 교인(회중)이 갖습니다. 회중제도의 특징은 평신도의 역할 확대와 전체 교인의 의사를 존중하는 민주적인 제도에 있습니다.

회중제도는 각 교회가 지역사회와 직접 소통하면서, 복음 사역을 그들의 필요에 맞게 조정할 수 있는 유연성을 제공합니다. 이것은 회중제도의 장점입니다. 그러나 상위기구나 성직자의 권한이 약화됨으로써 교회의 통일성이 상실되고 자주 분열이 일어나는 단점도 가지고 있습니다.

④ 장로제도(Presbyterian Polity)

장로제도는 장로교회('개혁교회')가 가지고 있는 제도입니다. 장로교회는 신도들의 대의적 기구인 장로 회의('당회')에 의해서 교회를 운영합니다. 이 제도는 성직자의 지도력과 평신도의 민주적 참여가 결합된 형태입니다. 장로제도는 회중 제도와 다르게 상위 기구('노회'와 '총회')를 가지고 있습니다.

장로제도는 목사와 장로가 함께 교회를 이끌어 가므로 목회적인 전문성과 평신도의 실제적 참여가 조화롭게 결합이 되는 장점을 갖습니다. 중요한 사안에 대해서 장로들이 대표성을 띠고 모여서 결정하기 때문에 교인들의 다양한 의견을 수렴해서 공동체의 합의를 이끌어 내는 것도 장로제도의 장점입니다. 그러나 장로제도는 목사와 장로의 협력이 잘 이루어지지 못했을 때, 교회 분열의 위기를 가져올 수 있습니다.

우리는 교회의 형태와 제도가 항구적이지 않음을 알아야 합니다. 역사 속에서 하나님의 뜻을 더 온전히 실현하기 위해서, 어쩔 수 없이 교회의 제도와 형태는 새롭게 모양을 바꿀 수밖에 없습니다('상황 속의 교회 개념'). 따라서 어느 특정한 교파나 제도를 절대화할 수는 없습니다. 교회는 교파의 울타리를 넘어 '복음적 연대와 협력'(Gospel Alliance)에 우선순위를 두어야 합니다. 따라서 교단 간의 소모적인 갈등을 최소화하고 복음화를 위해 연합하는 것은 교회 본연의 사명을 회복하는 가장 성경적인 길입니다.

각각의 교회 제도가 가지고 있는 장점과 단점을 생각해 보시기 바랍니다. 교회 일치를 위해서 우리 교회가 시도해 볼 수 있는 작은 실천에 무엇이 있을까요?
① 다른 교회의 예배나 사역 방식을 존중하고 배우려는 태도를 가진다.
② 교단과 교파를 넘어서 연합 예배나 공동 봉사 활동에 참여한다.
③ 교리와 전통의 차이보다 복음 안에서의 공통점을 먼저 찾는다.
④ 교회 일치를 위해서 다른 교회와의 대화와 교제를 정기적으로 가진다.

2. 교회의 다양한 이미지들(Various Images)

교회와 관련된 이미지들이 성경에 매우 다양하게 등장합니다. 그중에서 특별히 교회의 본질과 관련해서 중요한 몇 가지 이미지를 소개합니다.

① 하나님의 백성으로서의 교회(People of God)

구약 성경에 보면, 처음에 하나님께서 '하나의 민족'을 당신의 백성으로 부르신 것이 아니라 '한 사람' 아브라함을 부르셨음을 알게 됩니다. 하나님께서 선택하신 아브라함이 이스라엘 백성의 시조입니다. 하나님은 한 사람을 부르심으로써 한 민족을 이루게 하셨고, 그 민족을 통해서 구원의 계획을 펼치셨습니다. 중요한 것은 '백성으로 불러주신 주체가 누구인가' 하는 것입니다. 인간이 아니라 하나님이십니다. 하나님께서 이스라엘을 당신의 백성으로 불러주셨습니다. 하나님의 주권적인 선택의 결과로 '하나님의 백성으로서의 교회 개념'이 성립되었다는 것입니다.

하나님의 백성으로서의 교회는 과거 이스라엘의 후손들만을 가리키지 않습니다. 하나님이 주권적으로 부르신 모든 이들도 하나님의 백성으로서의 교회에 포함이 됩니다. 신약에서 교회는 아브라함의 혈통을 넘어서, 예수 그리스도를 믿는 모든 사람들로 확대가 됩니다. 하나님의 백성인 교회가 어떤 사명을 가지고 있을까요? 성령 안에서 서로 연합하면서 하나님의 뜻을 세상에 드러내는 사명을 갖습니다. 따라서 신자들은 하나님의 부르심에 합당한 반응을 보이면서 서로를 섬기고 사랑해야 합니다. 세상 속에서 하나님의 정의와 자비를 실천하면서, 거룩한 하나님의 백성답게 살아야 합니다. 그럴 때 교회는 세상 가운데서 하나님의 영광을 드러내며 참된 복음의 증인으로 자리할 수 있습니다.

함께 나누어요 ❸

하나님께서 아브라함을 부르시고 창대하게 하셔서 나중에 이스라엘 민족이

② 하나님의 성전으로서의 교회(Holy Temple of God)

이 개념은 구약과 신약을 아우르는 개념입니다. 먼저 구약의 성전 개념을 살펴보면, 구약의 예루살렘 성전은 건물 개념입니다. 이스라엘 백성들은 예루살렘 지역에 성전을 만들었고, 거기서 하나님께 정기적으로 제사를 드렸습니다. 이러한 구약의 성전 개념이 신약 성경으로 넘어오면서 한층 발전하게 됩니다. 건물에 해당되는 구약의 성전 개념이 신약에 와서는 단순한 건물이 아니라 '여러 사람들의 모임' 즉 '성령을 받은 그리스도인들의 모임'이라는 의미로 승화되었습니다(고전 3:16-17, 6:19).

[고린도전서 3:16-17]
"16 너희는 너희가 하나님의 성전인 것과
하나님의 성령이 너희 안에 계시는 것을 알지 못하느냐
17 누구든지 하나님의 성전을 더럽히면 하나님이 그 사람을 멸하시리라
하나님의 성전은 거룩하니 너희도 그러하니라"

[고린도전서 6:19]
"너희 몸은 너희가 하나님께로부터 받은 바
너희 가운데 계신 성령의 전인 줄을 알지 못하느냐
너희는 너희 자신의 것이 아니라"

신약의 성전 개념은 '개인의 몸'뿐 아니라 '성령 안에서 연합된 모든 신자들의 모임'인 신앙 공동체까지를 포함합니다. 신약 시대에 와서 교회가 더 이상 특정 건물이나 장소에 제한되지 않고, 성령께서 거하시는 살아 있는 공동체로 이해되고 있음을 보게 됩니다. 이러한 인식은 신자 개개인이 거룩함을 지

키는 것뿐 아니라, 함께 모인 교회 공동체 전체가 거룩한 성전으로서 하나님의 임재를 드러내야 함을 일깨워줍니다.

구약 성경과 신약 성경을 종합해서 '하나님의 성전으로서의 교회'를 다음과 같이 정의할 수 있습니다. "교회는 하나님의 성전이다. 하나님의 사람들이 하나님께 예배드리는 거룩한 장소('공간 개념')이자 거룩한 모임이다('교제 개념')."

③ 하나님의 가족으로서의 교회(Household of God)

교회는 또한 하나님의 가족이라는 이미지를 갖습니다. 개역 개정판 성경 에베소서 2장에 '하나님의 권속'이란 단어가 나오는데, 이것을 '하나님의 가족'으로 바꿀 수 있습니다.

[에베소서 2:19]
"그러므로 이제부터 너희는 외인도 아니요 나그네도 아니요
오직 성도들과 동일한 시민이요 하나님의 권속이라"

하나님을 아버지로, 교회 내의 다른 지체들을 형제자매로 여기는 교회야말로 가장 순수하고 역동적인 영적 가족의 모임입니다. 하나님의 가족으로서의 교회는 단순한 모임을 넘어서 영적 혈육 관계로 맺어진 공동체입니다.

하나님께서 아버지의 마음으로 자녀 된 신자들 한 사람 한 사람에게 은혜를 베푸시는데, 교회가 그 은혜를 경험하는 장이 됩니다.

또한 가정에서 자녀들이 각기 다른 특성과 은사를 지닌 것처럼, 교회의 여러 가족들도 다양한 은사와 특성을 가지고 있습니다. 영적 가족들이 가지고 있는 각각의 은사와 특성은 서로 보완되어야 합니다. 가족들의 은사와 특성이 보완될 때, 하나님 나라의 비전을 향해서 넉넉하게 힘을 모을 수 있기 때문입니다. 교회는 한 아버지 되신 하나님 안에서 서로를 사랑으로 품고 세워주며, 영적 가족으로서 하나 된 공동체의 모습을 유지하고 드러내야 합니다.

특별하게 하나님을 아버지 되시는 분으로, 교회 내의 다른 지체들을 형제자매로 여겨야 할 때가 있습니다. 그때가 언제인가요?

④ 그리스도의 몸으로서의 교회(Body of Christ)

그리스도의 몸으로서의 교회는 신약 성경에 등장하는 가장 보편적인 이미지입니다. 성경은 교회를 '그리스도의 몸'으로, 그리스도를 '교회의 머리'로 칭합니다(엡 1:22, 골 1:18).

[에베소서 1:22]
"또 만물을 그의 발 아래에 복종하게 하시고
그를 만물 위에 교회의 머리로 삼으셨느니라"

[골로새서 1:18]
"그는 몸인 교회의 머리시라 그가 근본이시요
죽은 자들 가운데서 먼저 나신 이시니
이는 친히 만물의 으뜸이 되려 하심이요"

그러면서 신자를 '그 몸의 지체'라고 말씀합니다(고전 12:27).

[고린도전서 12:27]
"너희는 그리스도의 몸이요 지체의 각 부분이라"

몸에 속한 주님의 백성들이 없다면, 교회로 볼 수 없습니다. 또한 머리 되신 그리스도 없이 단순하게 사람들만의 모임 자체도 교회로 볼 수 없습니다. '그리스도의 몸' 이미지는 교회가 단순한 조직이 아니라 살아계신 그리스도와의 연합 속에 존재함을 보여줍니다.

교회의 각 지체들 모두는 머리 되신 그리스도 안에서 하나의 목적을 향해서 나아갑니다. 팔이 손을 대신할 수 없고, 눈이 귀를 대신할 수 없듯이, 모든 구성원들이 서로의 부족함을 채우며 함께 일할 때 온전한 몸을 이루게 됩니다. 몸의 각 지체들이 서로 돌아보며 섬기는 일은 '사랑의 실천'으로 명명됩니다. '존중과 배려의 실천'으로 명명됩니다. 이러한 성도들끼리의 유기적인 섬김이 교회의 성장을 가져오고, 나아가서 세상 속에 열매 맺는 증언을 낳습니다. 머리인 그리스도께서 각각의 지체들을 이끌어 가시기에 그리스도의 몸인 교회는 복음의 능력을 세상에 흘려보내는 멋진 통로로 자리매김하게 됩니다.

함께 나누어요 ❻

교회를 '그리스도의 몸'이라고 할 때, 가장 중요한 전제는 무엇인가요?

① 교회가 사회적으로 영향력을 많이 끼치는 것

② 교회의 규모가 크고 영향력이 있는 것

③ 교회 안에 다양한 직분과 직책이 존재하는 것

④ 교회의 머리가 예수 그리스도이심을 인정하는 것

그리스도를 교회의 머리로 인정한다는 것이 무엇인가요? 교회의 몸에 속한 지체로서 각각의 신자들이 상호 간에 유기적인 섬김을 감당한다는 것이 무엇을 의미하나요?

지금까지 "교회 이야기"라는 주제로 성경 공부를 하였습니다. 성경 공부를 통해서 깨달은 점이나 마음에 남은 은혜나 새롭게 얻은 통찰을 간단하게 적어 보시기 바랍니다. 이 기록이 앞으로 하나님과 함께 걸어갈 믿음의 여정을 새롭게 준비하는 소중한 흔적이 될 것입니다.

예시

성경 공부를 통해서 교회가 하나님의 백성이며, 성전이며, 가족이며, 그리스도의 몸 등 다양한 의미를 지닌 거룩한 공동체임을 알게 되었습니다. 교회의 제도와 형태는 시대에 따라 변할 수 있지만, 본질은 변하지 않으며 그 중심에 언제나 복음을 전하는 사명이 있다는 사실이 마음에 남습니다. 이제 그리스도의 몸 된 교회의 지체로서, 더욱 책임감 있게 하나님과 이웃을 사랑하고 섬기며 살겠습니다.

성경 공부를 통해서 얻은 통찰 메모하기

종말 이야기

9과. 종말 이야기(1)

9과. 종말 이야기(1)

기독교 종말론(Eschatology)은 기독교의 여러 교리 항목들 중에서 가장 마지막에 위치하고 있습니다. 주로 다루는 내용은 개인의 죽음과 역사의 마지막 때에 일어날 일들을 다룹니다. '개인의 종말'(죽음의 문제)과 '역사의 종말'(우주의 종말). 신자는 종말에 대해서 바르게 알아야 합니다. 이유는 종말에 대한 바른 견해를 가짐으로써, 오늘을 살아가는 태도가 결정되기 때문입니다. 우리 각자가 맞이하게 될 죽음의 순간은 단순히 삶의 종결만을 의미하지 않습니다. 영원한 세계로 들어가는 관문입니다. 모든 인간은 언젠가 육체의 연약함을 벗고 하나님 앞에 서게 됩니다. 그 순간은 신자에게는 영원한 소망으로 들어가는 순간이지만, 비신자에게는 심판 앞에 서게 되는 순간입니다. 개인의 종말을 바르게 이해함으로써, 신자는 죽음 이후에 맞이할 영광과 심판이 있음을 분간하면서 지금 이 땅에서 자신의 삶을 거룩과 사랑으로 채워나갈 수 있습니다. 이런 점에서 볼 때 개인의 죽음에 대한 바른 이해는 신자들이 살아야 하는 삶의 자세에 있어서 매우 중요하다고 할 수 있습니다.

1. 개인의 종말(Personal Eschaton)

개인의 종말은 모든 인간이 필연적으로 맞게 되는 죽음의 순간을 가리킵니다. 죽음이라는 단어의 본래 의미는 '분리됨'입니다. 즉 '살아 있는 모든 것들로부터의 분리됨'입니다. 전반적으로 성경은 '분리를 의미하는 죽음'에 대해서 부정적인 인식을 가지고 있습니다. 죽음을 '원수'라고 묘사하고 있습니다(고전 15:26).

[고전 15:26]
"맨 나중에 멸망 받을 원수는 사망이니라"

성경은 죽음을 부정적으로 인식하면서, 죽음을 세 가지로 구분합니다. '육체적 죽음', '영적 죽음', '영원한 죽음'

① 성경의 죽음관(Biblical View of Death)

ⓐ 육체적 죽음(Physical Death)

육체적 죽음은 죽음 시 영혼이 육체로부터 분리되는 것을 말합니다(고후 5:8, 빌 1:23).

[고린도후서 5:8]

"우리가 담대하여 원하는 바는 차라리
몸을 떠나 주와 함께 있는 그것이라"

[빌립보서 1:23]
"내가 그 둘 사이에 끼었으니 차라리 세상을 떠나서
그리스도와 함께 있는 것이 훨씬 더 좋은 일이라 그렇게 하고 싶으나"

육체적 죽음은 죄의 결과로서 모든 인간이 필연적으로 겪는 현실입니다. 그러나 그리스도 안에 있는 신자에게는 '끝'이 아니라 '새로운 시작'입니다. 성경은 신자의 죽음을 '잠을 자는 것'에 비유하면서 장차 올 부활과 영생에 대해서 확신을 주고 있습니다(살전 4:13-14). 신앙인들은 그러므로 육체적 죽음을 두려워할 것이 아니라, 주와 영원히 함께할 소망의 관문으로 바라보아야 합니다.

가까운 사람이 죽음을 맞았을 때 신자가 가져야 하는 올바른 태도가 무엇인가요?

① 슬픔 속에서도 부활의 소망을 붙들고 위로를 얻는다.
② 고인의 삶에 함께 했던 하나님의 은혜를 기억한다.
③ 남은 삶을 더 의미 있고 하나님 중심으로 살겠다고 결단한다.
④ 애도의 시간을 가지면서 주변 사람들과 신앙적인 위로를 나눈다.

ⓑ 영적 죽음(Spiritual Death)

영적 죽음은 인간이 하나님으로부터 분리되는 것을 말합니다(엡 2:1).

[에베소서 2:1]
"그는 허물과 죄로 죽었던 너희를 살리셨도다"

영적 죽음은 하나님과의 교제가 단절된 상태로서, 인간을 영적 공허와 절망 속에 머물게 합니다. 이 곤란한 상태를 스스로의 힘으로 극복할 수 없기에, 인간은 죄의 권세 아래서 영적 무능력을 경험하게 됩니다. 영적 무능력은 영적 죽음을 낳습니다. 영적 죽음은 삶의 근본적인 목적과 의미를 잃어버리게 하기에, 우리 인간에게 상당히 심각한 문제가 됩니다. 이 어려움을 어떻게 해결할 수 있을까요? 인간의 감각적이고 본능적인 노력으로는 이 어려움을 해결할 수 없습니다. 오직 하나님만이 이 어려움을 해결하실 수 있습니다. 이 사실을 직시하면서 파스칼(Blaise Pascal)은 "모든 사람의 마음 속에는 하나님만이 채울 수 있는 빈 공간이 있다"고 얘기했습니다.

다음 중 영적 죽음에 대한 설명으로 옳은 것은 무엇인가요?
① 하나님과의 교제가 단절되어 영적 공허와 무능력에 빠진 상태이다.
② 신체적인 기능이 멈추는 것을 의미한다.
③ 죄의 영향에서 벗어나 스스로 새 삶을 시작하는 것이다.
④ 죽음 이후 영원한 형벌을 받는 상태이다.

ⓒ 영원한 죽음(Eternal Death)

영원한 죽음은 인간이 하나님으로부터 영원히 분리되는 것을 말합니다. 영원한 죽음은 모든 불의와 죄악에 대한 최후의 심판을 가리킵니다. 하나님으로부터의 분리가 영원히 지속됩니다. 성경은 이것을 "둘째 사망"이라고 부릅니다(계 2:11, 20:6, 21:8).

[요한계시록 2:11]
"귀가 있는 사람은 성령이 교회들에 하시는 말씀을 들을지어다

[요한계시록 21:8]
"그러나 두려워하는 자들과 믿지 아니하는 자들과 흉악한 자들과
살인자들과 음행하는 자들과 점술가들과 우상 숭배자들과
거짓말하는 모든 자들은 불과 유황으로 타는 못에 던져지리니,
이것이 둘째 사망이라"

이 둘째 사망은 고통과 후회가 끝없이 지속되는 형벌로서, 회개의 기회가 주어지지 않습니다. 영원한 심판입니다. 기독교 신학은 이 심판이 신실하신 하나님의 공의가 완전히 실현되는 순간이라고 가르칩니다. 이 심판을 받는 자들은 회개의 기회 없이 하나님의 임재에서 영원히 분리된 상태로 남아 있게 됩니다.

함께 나누어요 ❹

'개인의 종말'을 성경적으로 이해할 때, 신자가 가져야 할 태도는 무엇인가요?

① 죽음을 두려워하며 세상에 집착하기
② 부활과 영생의 소망을 붙들고 죽음을 바라보기
③ 영적 죽음을 스스로 극복하려고 노력하기
④ 영원한 죽음을 외면하고 현재의 삶만 추구하기
⑤ 죽음을 단순히 자연의 일부로만 인식하기

② 죽음에 대한 성경의 역설적인 이해(Paradoxical Understandings)

나아가서 죽음과 관련해서 성경에 두 가지의 상반되고 역설적인 이해가 동시에 존재합니다. '파괴로서의 죽음'과 '출발로서의 죽음'입니다.

ⓐ 파괴로서의 죽음(Destruction)

사도 요한은 죽음(사망)을 '폭력자'(파괴자)로 묘사합니다(계 6:8).

[요한계시록 6:8]
"내가 보매 청황색 말이 나오는데 그 탄 자의 이름은 사망이니
음부가 그 뒤를 따르더라 그들이 땅 사분의 일의 권세를 얻어
검과 흉년과 사망과 땅의 짐승들로써 죽이더라"

죽음은 다양한 방법으로 인간의 모든 것들을 파괴합니다. 죽음의 파괴력은 육체를 멸망시키는 것을 넘어서, 인간의 존엄성과 실존과 이성과 감정과 의지와 소망까지를 무너뜨리는 근원적인 위협입니다. 모든 인간이 이 죽음의 파괴력 앞에서 절망의 구렁텅이에 빠지게 됩니다. 파괴적인 죽음의 원인이 무엇일까요? 죄입니다. 죄로 말미암아 초래된 심판의 결과로서, 죽음이 생겨난 것입니다. 죽음은 결국 인간에게 모든 것이 무(無)로 돌아간다는 절망감을 안겨줍니다.

ⓑ 출발로서의 죽음(Departure)

'출발로서의 죽음'은 그리스도 안에 있는 신자들이 죽음과 더불어 그리스도와 함께 저 세상에서 새로운 출발을 하게 됨을 의미합니다. 신자들에게 죽음은 이 세상을 떠남인 동시에 그리스도와 영원히 함께 있게 되는 새로운 출발입니다(빌 1:23).

[빌립보서 1:23]
"내가 그 둘 사이에 끼었으니 차라리 세상을 떠나서
그리스도와 함께 있는 것이 훨씬 더 좋은 일이라 그렇게 하고 싶으나"

같은 맥락에서 사도 바울도 자신의 죽음을 '떠날 기약이 가까운 사건'이라고 칭했습니다(딤후 4:6).

[디모데후서 4:6]
“전제와 같이 내가 벌써 부어지고 **나의 떠날 시각이 가까웠도다**”

바울이 ‘자기가 떠날 시각이 가까워졌다’고 얘기합니다. 죽음이 임박했다는 뜻입니다. 이 고백은 자기가 죽음을 맞아서 이 세상을 떠나 천국에 들어갈 채비가 되었다는 의미입니다. 그에게 이 새로운 출발은 고통을 넘어서 새로운 생명을 향해 떠나는 여정입니다(‘천국으로의 여정’). 바울처럼 신앙인들은 죽음을 두려움이 아니라 ‘새로운 관문’으로 이해해야 합니다. 죽음은 신자에게 이 세상을 떠나서 그리스도와 직접적인 교제 속으로 들어가는 축복의 출발점입니다. 출발로서의 죽음은 신자가 이 땅에서 그리스도 안에서 이미 누리던 영원한 생명의 실제를 새롭게 갱신하는 결정적인 순간입니다.

이러한 죽음에 대한 긍정적인 인식이 구약 성경에도 나옵니다. 시편 기자가 ‘경건한 자들의 죽음을 여호와께서 귀하게 보신다’고 고백합니다(시 116:15).

[시편 116:15]
“그의 경건한 자들의 죽음은 여호와께서 보시기에 귀중한 것이로다”

시편 기자의 고백을 보면서 우리는 구약 성경에도 죽음에 대한 긍정적인 견해가 있음을 알게 됩니다. 하나님께서는 의인의 죽음을 귀하게 보십니다. 죽음을 고통의 종말이자, 하나님과 더 깊은 교제가 시작되는 전환점입니다. 이처럼 성경에는 죽음에 대한 부정적인 인식(‘파괴로서의 죽음’)과 긍정적인 인식(‘새로운 출발로서의 죽음’)이 함께 나옵니다.

함께 나누어요 ❺

역설적이게도 성경에 부정적인 죽음관과 긍정적인 죽음관이 함께 나옵니다. 평소에 나는 죽음에 대해서 어떤 이해를 가지고 있었는지를 돌아보시기 바랍니다.

다음 중 시편 116편 15절의 "의인의 죽음을 여호와께서 귀중히 보신다"는 의미로 가장 적절한 것은 무엇입니까?

① 죽음을 단순히 삶의 종말로 본다.

② 하나님께서 의인의 신실함과 헌신을 귀하게 인정하신다.

③ 하나님께서 죽음을 방관하신다.

④ 죽음은 의미 없는 사건이다.

③ 죽음에 대한 신앙인다운 태도(Christian Attitude)

ⓐ 신자는 죽음을 지나치게 두려워하지 않아야 합니다.(Fearlessness)

[요한복음 11:26]
"무릇 살아서 나를 믿는 자는 영원히 죽지 아니하리니
이것을 네가 믿느냐"

예수님을 믿는 자에게 죽음은 두려움이 아닙니다. 매 순간 그리스도와 연합된 삶을 살아갈 때, 죽음조차도 우리를 예수님에게서 분리하지 못한다는 확신이 생깁니다. 이 진리가 우리의 마음을 자유롭게 하여서, 죽음 앞에서 담대함을 갖게 합니다.

ⓑ 신자는 죽음이 유익이라는 것을 인정해야 합니다.(Benefit)

[빌립보서 1:20-21]
"20 나의 간절한 기대와 소망을 따라 아무 일에든지 부끄러워하지 아니하고
지금도 전과 같이 온전히 담대하여 살든지 죽든지
내 몸에서 그리스도가 존귀하게 되게 하려 하나니
21 이는 내게 사는 것이 그리스도니 죽는 것도 유익함이라"

이 땅에서의 삶이 마무리되고 주님 곁에 갔을 때, 신자는 영원한 생명의 충만함을 경험하게 될 것입니다. 신자에게 죽음이 유익이 되는 까닭은 죽음이 하나님과 동행하는 새로운 차원의 생명으로 들어가는 관문이기 때문입니다. 이 진리를 묵상하면서 매일의 삶 속에서 나 자신을 주님께 온전히 내어드리겠다는 자세가 신자에게 필요합니다.

ⓒ 신자는 죽음을 준비하면서 살아야 합니다.(to Prepare)

[고린도후서 5:8-9]
"8 우리가 담대하여 원하는 바는 차라리 몸을 떠나
주와 함께 있는 그것이라
9 그런즉 우리는 몸으로 있든지 떠나든지
주를 기쁘시게 하는 자가 되기를 힘쓰노라"

죽음을 준비하면서 살아간다는 것은 죽음 이후에 만날 예수님을 묵상하는 것을 가리킵니다. 신자는 언젠가 직면하게 될 그 날이 있음을 묵상하면서, 이 땅에서 이웃을 섬기고 그들에게 그리스도를 전해야 합니다. 신자로서 정결한 삶을 살아가면서, 나에게 주어진 시간을 주님께 충성하는 시간들로 채워야 합니다. 이렇게 하는 것이 죽음에 대한 참된 준비입니다.

2. 중간 상태(Intermediate State)

중간 상태(개인의 죽음 이후의 상태)는 말 그대로 '처음과 끝 사이의 중간'을 가리킵니다. 중간 상태는 한 개인의 죽음 이후 그리스도의 재림의 시기까지, 육체를 떠난 인간 영혼이 사후세계에서 어떻게 존재하는가를 다루는 신학 용어입니다. 신학자들은 보통 중간 상태를 다음과 같이 구분해서 설명합니다. '영혼 멸절설'과 '영혼 수면설'과 '연옥설'과 '낙원/음부(하데스)'입니다.

① 영혼 멸절설(Soul-Extinction)

영혼 멸절설은 인간의 육체적 죽음과 함께 영혼도 동시에 그 존재가 소멸되거나 활동이 정지상태에 들어간다는 견해입니다. 보통 '여호와의 증인'이나 '안식교'에서 영혼 멸절설을 주장합니다. 이 입장에 따르면 죽음 이후에는 의식이나 고통, 상급과 벌의 개념이 모두 사라지기 때문에 영혼의 영원한 구원이나 영원한 형벌은 없습니다. 이 입장은 인간 전체가 하나의 유기체라는 통합적 관점을 가지면서, 죽음과 함께 인간 존재가 사라진다고 봅니다. 또한 영혼 멸절설을 지지하는 이들은 구약성경에 나오는 '숨결'이나 '생기'도 죽음과 함께 사라진다는 견해를 가지고 있습니다.

함께 나누어요 ❼

영혼 멸절설의 관점을 접했을 때 어떤 느낌이 들어가나요?

① 죽음 이후에도 영혼이 존재한다는 성경의 가르침과 크게 다르다고 느낀다.

② 죽음을 단순히 '끝'이라고 보는 시각을 접하면서 허무함을 갖게 된다.

③ 영혼과 육체를 하나의 유기체로만 보는 관점이 흥미롭게 느껴진다.

④ 이런 주장들이 왜곡된 신앙관을 만들 수 있겠다는 경각심이 든다.

② 영혼 수면설(Soul-Sleep)

영혼 수면설은 육체적 죽음을 맞이한 후에 인간 영혼이 수면을 취한다는 견해입니다. 인간의 견지에서 볼 때 그 순간에 수면을 취하는 시간이 매우 길고 지루한 것처럼 느껴질 수 있습니다. 하지만 영혼 수면설을 주장하는 학자들은 '그때 영혼이 취하는 수면'에 대해서 다음과 같이 얘기합니다. "이 수면은 한낮에 낮잠을 자고 난 후에 개운함을 느끼는 것 같은 매우 기분 좋은 수면이다." 종교개혁자 루터와 루터의 신학을 계승하는 사람들이 영혼 수면설을 주장합니다. 이 기분 좋은 수면 동안에 영혼은 세상의 염려와 고통에서 벗어나서 평안 가운데 머물러 있다가, 최후의 부활 때 다시 깨어나서 영원한 생명에 참여하게 됩니다. 루터파 신학자들은 자신들의 입장이 죽음에 대한 두려움을 덜어주고, 예수 그리스도 안에서의 부활 소망을 견고하게 만든다고 얘기합니다.

영혼 수면설의 설명을 접한 후에 크게 와닿는 생각이 무엇인가요?
① 죽음을 '평안한 쉼'으로 보는 관점이 두려움을 줄여줄 수 있다고 느껴진다.
② 영혼이 깨어날 때 부활과 영생에 참여한다는 소망이 인상 깊다.
③ 성경에서 죽음을 '잠'으로 비유하는 표현과 연결해서 생각하게 된다.
④ 죽음 이후 곧바로 하나님을 뵙는다는 성경의 다른 가르침과 비교해 보고 싶다.

③ 연옥설(Purgatory)

연옥설은 로마 가톨릭의 입장입니다. 연옥 교리는 트렌트 공의회(1545-1563년)에서 공식화되었습니다. 연옥에서 죄의 문제를 온전히 해결하지 못한 자들이 그 대가를 지불할 때까지 자신의 죄를 참회합니다. 연옥은 죽음 이후 죄가 완전히 사라지지 않은 영혼이 정화 과정을 거쳐서 온전한 거룩함에 이르도록 돕는 '장소 개념'이자 '상태 개념'입니다('일시적인' 개념). 가톨릭교회는 연옥에서의 정화 과정을 통해서 영혼이 완전한 성화에 이르도록 하나님의 사랑과 정의가 조화롭게 작용한다고 가르칩니다. 또한 살아 있는 신자들이 연옥에 있는 영혼들을 위해서 기도하거나 미사에 참여하거나 희생을 바침으로써, 그 영혼들의 정화를 돕는다는 견해도 가지고 있습니다.

④ 낙원/음부(Sheol/Hades)

성경은 성도가 죽는 즉시 의식적으로 주님과 함께 한다고 말씀합니다. 그러면서 동시에 죽음 후에 성도가 '낙원' 혹은 '아브라함의 품'에 들어감을 암시합니다(눅 16:19-31, 23:43).

[누가복음 23:43]
"예수께서 이르시되 내가 진실로 네게 이르노니
오늘 네가 나와 함께 낙원에 있으리라 하시니라"

반면에 악인은 죽음 이후에 '음부의 고통' 가운데로 들어갑니다(눅 16:23).

[누가복음 16:23]
"그가 음부에서 고통 중에 눈을 들어
멀리 아브라함과 그의 품에 있는 나사로를 보고"

일반적으로 보수신학자들은 낙원과 음부가 천국과 지옥의 장소 개념과 거의 질적으로 동일하다고 봅니다. 즉 그들은 낙원과 음부를 천국과 지옥의 '중간기적인 형태'일 것으로 추정합니다. 이것을 다음과 같은 도식으로 구분할 수 있습니다.

성도 ⇨ 죽음 ⇨ 낙원 ⇨ 천국

불신자 ⇨ 죽음 ⇨ 음부 ⇨ 지옥

낙원과 음부에 대한 설명을 들었을 때, 무슨 생각이 들어가나요?

① 성도가 죽는 즉시 주님과 함께한다는 약속이 큰 위로가 된다.

② 낙원과 음부를 천국과 지옥의 중간기적인 형태로 이해하는 관점이 흥미롭다.

③ 죽음 이후에도 의식이 있다는 점을 들으면서 삶의 책임감을 느끼게 된다.

④ 불신자의 죽음 이후의 상태에 대한 성경의 경고가 무겁게 다가 온다.

지금까지 "종말 이야기"라는 주제로 성경 공부를 하였습니다. 성경 공부를 통해서 깨달은 점이나 마음에 남은 은혜나 새롭게 얻은 통찰을 간단하게 적어 보시기 바랍니다. 이 기록이 앞으로 하나님과 함께 걸어갈 믿음의 여정을 새롭게 준비하는 소중한 흔적이 될 것입니다.

예시

성경 공부를 통해서 죽음이 단순히 끝이 아니라, 하나님 앞에 서게 되는 중요한 전환점임을 알게 되었습니다. 죽음을 두려움이 아닌, 그리스도 안에서의 새로운 출발로 받아들이는 시각이 마음에 큰 위로가 되었습니다. 이제 남은 삶을 더욱 진지하게 살면서, 부활과 영생의 소망 속에서 기쁘게 살아가는 신자가 되고 싶습니다.

종말 이야기

10과. 종말 이야기(2)

1. 예수 그리스도의 재림
   ① 예수 그리스도의 재림의 타당성
   ② 예수 그리스도의 재림에 대한 잘못된
   견해
2. 그리스도의 재림의 징조들
   ① 잦은 세계적 전쟁과 기근과 지진과
   천체의 변화
   ② 신앙인들의 배도와 변절
   ③ 거짓 그리스도들의 표적과 기사
   ④ 복음이 온 세상에 전파됨
   ⑤ 이스라엘 민족의 회심

10과. 종말 이야기(2)

1. 그리스도의 재림이 성경이 예언한 사실이며 신자의 소망임을 배운다.
2. 재림을 개인 경험이나 과거 사건으로 생각하는 시각이 잘못됐음을 배운다.
3. 그리스도의 재림이 하나님의 사랑과 정의의 실현임을 알게 한다.
4. 종말의 징조가 두려움이 아니라 깨어 있는 삶을 촉구하는 은혜임을 알게 한다.

예수 그리스도의 재림과 그 징조들을 살피는 일은 신자의 소망을 확고히 세우고, 깨어 있는 믿음의 삶으로 나아가도록 돕는 밑거름이 됩니다. 그리스도의 재림에 대한 소망을 품을 때마다, 신자는 다시금 나의 삶이 어떤지를 돌아보게 됩니다. '깨어서 주의 날을 준비하라'는 성경의 권면처럼(마 24:42), 나의 삶을 돌아보면서 기도하고 말씀 묵상을 하며 신자들 사이에 격려하며 사랑하는 삶에 정진할 수 있습니다.

[마태복음 24:42]

"그러므로 깨어 있으라 어느 날에 너희 주가 임할는지
너희가 알지 못함이니라"

재림의 약속은 단순한 교리가 아니라, 성도의 삶을 변화시키는 능력입니다. 재림의 소망은 세상의 유혹과 혼란 속에서도 신자의 마음을 굳게 지켜 줍니다. 또한 성경에 나타난 여러 징조들을 살펴보면서, 우리는 역사의 흐름 속에 하나님의 주권이 살아 있음을 확인할 수 있습니다. 그 징조들은 두려움의 대상이 아니라, 오히려 준비와 깨어 있음으로 우리를 이끄는 하나님의 은혜의 표지입니다. 신앙인들은 재림의 소망을 품고, 날마다 말씀과 기도로 자신을 다듬으면서 주님 앞에서 충성스럽게 살아가는 사람들입니다.

'깨어 있는 삶'을 위해서 지금 나에게 필요한 것이 무엇인가요?

① 기도와 말씀 묵상의 시간을 꾸준하게 지키는 것

② 주님의 재림 소망을 기억하면서 삶의 우선순위를 조정하는 것

③ 신앙 공동체 안에서 서로 격려하며 사랑을 실천하는 것

④ 재림에 대한 경각심을 잃게 만드는 습관과 유혹을 끊어내는 것

1. 예수 그리스도의 재림(Second Coming)

① 예수 그리스도의 재림의 타당성(Validity)

예수 그리스도의 재림 교리가 타당한가? 이 교리가 타당하다면 그 근거는 무엇인가? 이 물음에 대해서 그리스도인들은 타당하다고 얘기해야 합니다. 이유는 이 교리가 성경적으로 타당성을 갖기 때문입니다. 성경은 예수 그리스도의 재림을 여러 곳에서 말씀합니다. 신약성경의 매 30구절마다 직접적으로나 간접적으로 예수 그리스도의 재림이 언급됩니다. 이것은 예수 그리스도의 초림과 비교해 볼 때 8배나 많은 수치입니다. 재림이 분명하게 언급되는 책은 요한계시록과 데살로니가 전후서 그리고 마태복음 24장과 마가복음 13장과 누가복음 21장입니다. 사도행전 1장도 주님의 재림을 언급하고 있습니다(행 1:10-11).

[사도행전 1:10-11]
"10 올라가실 때에 제자들이 자세히 하늘을 쳐다보고 있는데
흰 옷 입은 두 사람이 그들 곁에 서서
11 이르되 갈릴리 사람들아 어찌하여 서서 하늘을 쳐다보느냐
너희 가운데서 하늘로 올려지신 이 예수는
하늘로 가심을 본 그대로 오시리라 하였느니라"

예수 그리스도의 재림 교리는 성경적으로 지지를 받는 타당한 교리입니다. 그런데 일반적으로 예수 그리스도의 재림 교리와 관련해서 다음과 같은 몇 가지의 오해가 있는 것 같습니다.

② 예수 그리스도의 재림에 대한 잘못된 견해(Misconceptions)

첫째, 신자가 죽을 때 그리스도께서 그 사람에게 임한다는 견해입니다. 이것은 재림을 단순히 개인의 죽음과 연결시키는 잘못된 이해입니다. 재림의 핵심은 예수님께서 실제로 이 세계 가운데 다시 찾아오셔서 모든 사람들 앞에 자신을 나타내신다는 데 있습니다. 재림 사건은 예수님께서 세상에 단 한 번 드러나시는 사건으로, 모든 신자와 불신자 모두가 예수님의 재림을 목격한다는 것을 알아야 합니다(마 24:30, 계 1:7).

[요한계시록 1:7]
"볼지어다 그가 구름을 타고 오시리라
각 사람의 눈이 그를 보겠고 그를 찌른 자들도 볼 것이요
땅에 있는 모든 족속이 그로 말미암아 애곡하리니 그러하리라 아멘"

예수님의 재림과 달리, 개인의 죽음은 범세계적인 경험이 아닙니다. 그 자신만의 죽음입니다. 개인의 죽음과 그리스도의 재림은 별개의 사건입니다.

이로 인해 신자가 죽을 때 그리스도께서 그 사람에게 임한다는 견해는 타당성을 갖지 못합니다.

둘째, '오순절 성령강림'과 '그리스도의 재림'을 동일시하는 견해입니다. 오순절의 성령강림은 성령께서 제자들 가운데 임하신 사건입니다('일부 몇 사람의 경험'). 반면에 재림은 예수 그리스도께서 구름을 타고 온 세상 앞에 다시 나타나시는 가시적이고 종말론적인 사건입니다('범세계적인 사건'). 성령강림은 교회의 시작을 알리는 사건이고, 재림은 역사의 완성을 이루는 전혀 다른 차원의 사건입니다. 오순절 성령강림과 그리스도의 재림을 동일시하는 견해는 잘못된 견해입니다.

셋째, '기원후 70년경 예루살렘의 멸망'을 '그리스도의 재림'과 동일시하는 견해입니다. 예수님께서 예언하신 예루살렘의 멸망은 재림의 예표적인 성격을 가질 수는 있지만, 재림 그 자체와 동일한 사건은 아닙니다. 예루살렘의 멸망은 로마의 군대가 예루살렘 성을 공격하고 파괴한 역사적인 사건입니다('과거적 사건'). 반면에 그리스도의 재림은 온 천하에 언제인가 이 땅에 다시 오시는 예수 그리스도를 뵙는 보편적인 사건입니다('미래적 사건'). 따라서 두 사건을 별개의 사건으로 볼 수밖에 없습니다.

넷째, '누군가가 개인적으로 주님을 영접하는 순간'을 '그리스도의 재림'으로 보는 견해입니다. 개인이 주님을 믿고 영접하는 것은 성령의 역사로 이루어지는 내적-개인적 사건으로서, 그 사람 개인의 구원받음의 체험입니다('개인적인 체험'). 이 체험은 예수님의 재림과는 무관합니다. 그런데 그리스도의 재림은 예수님께서 온 세상 앞에 구름을 타고 나타나시는 사건입니다('공적 사건'). 따라서 두 사건은 그 성격이 판이하게 다른 별개의 사건입니다.

네 가지 견해 모두 타당성이 없습니다. 이러한 견해들은 공통적으로 재림을 '개인적이고' '부분적이며' '과거적인 사건으로' 축소시키는 오류를 범하고 있습니다. 그러나 성경은 예수 그리스도의 재림이 모든 이들이 그 재림을 목격하는 가시적인(visible) 사건인 것을 밝히고 있습니다(행 1:11). 그 사건은 예수께서 천사들을 거느리신 채, 구름을 타고 이 땅으로 오시는 전 세계적인 사건입니다(마 24:29-30).

[마태복음 24:29-30]
"29 그 날 환난 후에 즉시 해가 어두워지며 달이 빛을 내지 아니하며
별들이 하늘에서 떨어지며 하늘의 권능들이 흔들리리라
30 그 때에 인자의 징조가 하늘에서 보이겠고
그 때에 땅의 모든 족속들이 통곡하며
그들이 인자가 구름을 타고 능력과 큰 영광으로 오는 것을 보리라"

예수 그리스도의 재림 사건은 모든 사람이 분명하고 명백하게 목격할 수 있는 보편적인 사건으로서, 그때 죽은 자의 부활이 이루어집니다. 이 부활은 신자와 불신자 모두를 포함합니다. 기독교 신학은 죽은 자의 부활이 이루어지는 시기에 대해서 다음과 같이 말씀합니다. "예수 그리스도의 '재림 이후'와 '심판 직전'에 죽은 자의 부활이 이루어진다."

[고린도전서 15:23]
"그러나 각각 자기 차례대로 되리니
먼저는 첫 열매이신 그리스도요
다음에는 그가 강림하실 때에
그리스도에게 속한 자요"

성경은 그때 의인의 부활과 악인의 부활이 한순간에 이루어진다고 하면서, 의인의 부활을 '생명의 부활'로 악인의 부활을 '심판의 부활'로 묘사합니다(요 5:28-29, 단 12:2, 행 24:15).

[요한복음 5:28-29]
"28 이를 놀랍게 여기지 말라 무덤 속에 있는 자가
다 그의 음성을 들을 때가 오나니
29 선한 일을 행한 자는 생명의 부활로
악한 일을 행한 자는 심판의 부활로 나오리라"

나아가서 성경은 그때의 '성도들의 부활한 몸의 상태'에 대해서도 가르쳐 줍니다. 성경은 그때의 '부활한 몸'을 이 땅에서의 몸과 차원이 다른 '불멸의 몸'이라고 설명합니다(고전 15:53-54).

[고린도전서 15:53-54]
"53 이 썩을 것이 반드시 썩지 아니할 것을 입겠고
이 죽을 것이 죽지 아니함을 입으리로다
54 이 썩을 것이 썩지 아니함을 입고
이 죽을 것이 죽지 아니함을 입을 때에는
사망을 삼키고 이기리라고 기록된 말씀이 이루어지리라"

또한 성경은 성도들의 부활의 몸을 '영광의 몸'이라고 설명합니다(빌 3:20-21).

[빌립보서 3:20-21]
"그러나 우리의 시민권은 하늘에 있는지라
거기로부터 구원하는 자 곧 주 예수 그리스도를 기다리노니
그는 만물을 자기에게 복종하게 하실 수 있는 자의 역사로
우리의 낮은 몸을 자기 영광의 몸의 형체와 같이 변하게 하시리라"

나아가서 성경은 성도들의 부활의 몸을 '신령한 몸'이라고 표현합니다(고전 15:44).

[고린도전서 15:44]
"육의 몸으로 심고 신령한 몸으로 다시 살아나나니
육의 몸이 있은즉 또 영의 몸도 있느니라"

예수 그리스도의 재림은 죽은 자들의 부활과 성도들의 영광스러운 몸의 변화까지를 포함하는 하나님의 구속 계획의 절정입니다. 이 약속을 소망하며 살아가는 것은 신자에게 현재의 삶을 거룩하게 하고, 장차 올 영원한 생명에 대한 확신을 굳게 세워 줍니다.

한편 '재림주'로 이 땅에 다시 오시는 예수님은 '심판주'이기도 합니다. 예수님은 온 세상의 '구원자'이시지만, 마지막 날에는 만민을 공평과 정의로 심판하실 '심판주'이십니다. 성경은 그때에 예수님의 심판을 천사들이 보좌한다고 선언합니다(마 24:31).

[마태복음 24:31]
"그가 큰 나팔 소리와 함께 천사들을 보내리니
그들이 그의 택하신 자들을 하늘 이 끝에서 저 끝까지
사방에서 모으리라"

그때 성도들도 예수님의 심판의 사역에 참여합니다(계 20:4).

[요한계시록 20:4]
"또 내가 보좌들을 보니 거기에 앉은 자들이 있어 심판하는 권세를 받았더라
또 내가 보니 예수를 증언함과 하나님의 말씀 때문에 목 베임을 받은 자들의
영혼들과 또 짐승과 그의 우상에게 경배하지 아니하고 그들의 이마와 손에
그의 표를 받지 아니한 자들이 살아서 그리스도로 더불어 천 년 동안 왕노릇
하니"

이 심판은 '이중의 결과'를 가져옵니다. 불신자들에게 이 심판은 '정죄의

심판'이 되고, 신자들에게 이 심판은 '보상과 위로의 심판'이 됩니다(고후 5:10). 심판의 궁극적 결과는 다음과 같습니다. "악인은 영원한 지옥에 던져지고, 의인은 영원한 천국에 들어간다."

2. 그리스도의 재림의 징조들(Signs)

이미 언급했듯이 기독교 종말론에서 '그리스도의 재림' 교리가 매우 중요합니다. 신약성경은 이 땅에 '초림'(성육신하신 예수님)하신 예수님이 다시 이 땅에 재림하신다는 것을 여러 차례 반복해서 전하고 있습니다. 그런데 여기서 우리가 조심하고 주의해야 할 것이 있습니다. 성경이 '예수님의 재림이 이루어지는 시기가 언제인지'를 정확하게 다루지 않았다는 것입니다. 그동안 수많은 이단들이 예수님의 재림이 이루어지는 정확한 시기를 언급했지만, 모두 이루어지지 않았습니다. 신앙인들은 성경이 예수님의 재림 시기에 대해서 침묵하고 있음을 유념해야 합니다. 그래야 이단들의 현혹에 넘어가지 않을 수 있습니다.

그렇다면 우리 신앙인들이 '재림의 징조들'에 대해서는 어떠한 이해를 가져야 되겠습니까? 성경이 재림의 시기를 다루지 않는 것처럼, 예수님 재림의 징조들도 다루지 않는 것일까요? 그렇지 않습니다. 성경은 재림을 징조들을 다루고 있습니다. 재림이 이루어지기 전의 징조들을 성경의 곳곳에서 상세하게 다루고 있습니다.

① 잦은 세계적 전쟁과 기근과 지진과 천체의 변화
(Frequent Global Wars, Famines, Earthquakes, and Celestial Changes)

[마태복음 24:7]
"민족이 민족을 나라가 나라를 대적하여 일어나겠고
곳곳에 기근과 지진이 있으리니"

[마태복음 24:29-30]
"29 그 날 환난 후에 즉시 해가 어두워지며 달이 빛을 내지 아니하며
별들이 하늘에서 떨어지며 하늘의 권능들이 흔들리리라
30 그 때에 인자의 징조가 하늘에서 보이겠고
그 때에 땅의 모든 족속들이 통곡하며 그들이 인자가 구름을 타고
능력과 큰 영광으로 오는 것을 보리라"

성경은 세계적인 분쟁과 기근과 지진 같은 지상의 대규모 혼란 그리고 해와 달과 별의 격변 등, 우주적 차원의 재난이 그리스도의 임박한 재림의 징조라고 말씀합니다.

② 신앙인들의 배도와 변절(Apostasy and Defection)

[마태복음 24:10-12]
"10 그 때에 많은 사람이 실족하게 되어
서로 잡아 주고 서로 미워하겠으며
11 거짓 선지자가 많이 일어나 많은 사람을 미혹하겠으며
12 불법이 성하므로 많은 사람의 사랑이 식어지리라"

마지막 때에 신자들의 믿음이 흔들려서 서로 배신하고 미워하며, 거짓 선지자의 미혹과 불법의 확산으로 사랑이 식어질 것입니다. 성경은 이러한 '슬픈 현실의 범세계적인 보편 현상'을 그리스도의 임박한 재림의 징조라고 선언합니다.

③ 거짓 그리스도들의 표적과 기사(Signs and Wonders)

[마태복음 24:24]
"거짓 그리스도들과 거짓 선지자들이 일어나 큰 표적과 기사를 보여
할 수만 있으면 택하신 자들도 미혹하게 하리라"

[데살로니가후서 2:3-4]
"3 누가 어떻게 하여도 너희가 미혹되지 말라
먼저 배교하는 일이 있고 저 불법의 사람
곧 멸망의 아들이 나타나기 전에는 그 날이 이르지 아니하리니
4 그는 대적하는 자라 신이라고 불리는 모든 것과
숭배함을 받는 것에 대항하여
그 위에 자기를 높이고 하나님의 성전에 앉아
자기를 하나님이라고 내세우느니라"

[요한일서 4:3]
"예수를 시인하지 아니하는 영마다 하나님께 속한 것이 아니니
이것이 곧 적그리스도의 영이니라
오리라 한 말을 너희가 들었거니와
지금 벌써 세상에 있느니라"

거짓 그리스도(antichrist, 적그리스도)와 선지자가 능력 있는 표적을 내세워서 하나님께서 택하신 자들을 미혹할 것이고, 그것을 보면서 믿음을 버리는 신자들이 있을 것입니다('배도', '변절'). 성경은 거짓 그리스도들의 표적과 기사가 그리스도의 재림의 징조가 된다고 말씀합니다.

④ 복음이 온 세상에 전파됨(Proclamation of the Gospel)

[마태복음 24:14]
"이 천국 복음이 모든 민족에게 증언되기 위하여

온 세상에 전파되리니 그제야 끝이 오리라"

복음이 모든 민족에게 전파된 후에 예수님의 재림과 세상의 종말이 완성됩니다. 성경은 온 세계에 전파되는 '복음 전파의 종결성'을 그리스도 재림의 징조로 소개합니다.

⑤ 이스라엘 민족의 회심(Repentance)

[로마서 11:25하-26]
"25...이방인의 충만한 수가 들어오기까지
이스라엘의 더러는 우둔하게 된 것이라
26 그리하여 온 이스라엘이 구원을 받으리라
기록된 바 구원자가 시온에서 오사
야곱에게서 경건하지 않은 것을 돌이키시겠고"

이방인들의 구원이 충만하게 이루어진 뒤에 이스라엘 민족이 회심하고 구원을 받게 될 것입니다. 이것은 하나님께서 마지막 때에 이스라엘을 향한 구속의 계획을 성취하신다는 약속을 이루시는 것과 상관이 있습니다. 성경은 이스라엘 민족의 회심이 그리스도의 재림의 징조가 된다고 말씀합니다.

함께 나누어요 ❺

그리스도 재림에 관한 여러 징조들이 신자의 삶에 어떤 영향을 끼칠까요?

함께 나누어요 ❻

여러 견해들 중에서 어느 것이 재림과 관련해서 구체적인 중요성을 가질까요?

성경 공부를 마치며

지금까지 "종말 이야기"라는 주제로 성경 공부를 하였습니다. 성경 공부를 통해서 깨달은 점이나 마음에 남은 은혜나 새롭게 얻은 통찰을 간단하게 적어 보시기 바랍니다. 이 기록이 앞으로 하나님과 함께 걸어갈 믿음의 여정을 새롭게 준비하는 소중한 흔적이 될 것입니다.

예시

성경 공부를 통해서 예수 그리스도의 재림이 먼 미래의 이야기가 아니라, 오늘을 살아가는 신자의 삶을 변화시키는 능력임을 깨달았습니다. 그리고 재림의 소망과 징조들을 살피면서 나의 삶의 방향과 우선순위를 다시 점검하게 되었습니다. 주님 다시 오실 날을 기다리면서, 더욱 깨어 기도하고 말씀 안에 머무는 삶을 살려고 노력하겠습니다.

성경 공부를 통해서 얻은 통찰 메모하기

종말 이야기

11과. 종말 이야기(3)

1. 지금-현재 이 땅에서의 신앙인들의
   종말론적인 삶
   ① 복음을 전하는 삶
   ② 분별하는 삶
   ③ 흔들림 없이 주의 일에 헌신하는 삶
   ④ 자신을 거룩히 지키는 삶
   ⑤ 의와 평강과 희락을 추구하는 삶
   ⑥ 하나님 나라에 우선순위를 두는 삶
2. 천년왕국
   ① 전-천년설
   ② 후-천년설
   ③ 무-천년설

11과. 종말 이야기(3)

1. 종말론적 신앙이 현재 신앙을 비추며, 삶의 태도와 책임을 새롭게 함을 알게 한다.
2. 종말론적 삶이 복음 전도와 거룩과 헌신과 분별의 실천을 포함함을 알게 한다.
3. 천년왕국의 다양한 견해를 살피면서 종말론에 대한 균형 잡힌 시각을 갖도록 한다.
4. 재림을 둘러싼 견해 차이를 넘어서 신자의 본질적 사명이 무엇인지를 알도록 한다.

신자는 종말과 관련해서 대부분 성경 구절의 우선적인 강조점이 '미래'가 아니라 '지금-현재'에 맞추어져 있음을 알아야 합니다. 성경은 신자들이 언젠가 다시 이 땅에 오실 주님을 기대하고 소망하면서, 지금-현재 나에게 주어진 삶을 충실히 살아야 한다는 것에 초점을 맞춥니다. 신자들의 종말론적인 삶이란 예수 그리스도의 재림을 소망하면서 오늘을 하나님 나라의 관점으로 살아가는 삶을 말합니다. 우리는 종말이 먼 미래의 이야기만이 아니라, 우리의 매일의 신앙 여정에도 적용되는 이야기임을 알아야 합니다. 신자는 '언제든지 주님께서 오실 수 있다'는 기대감을 가지고 지금-현재를 살아가야 하는 사람들입니다. 신자의 종말론적인 삶은 언제 오실지 모르는 주님을 기다리는 설렘 가운데, 지금-현재의 순간을 하나님을 의식하며 살아가는 이 땅에서의 신앙 여정입니다.

함께 나누어요 ❶

신자의 종말론적 삶은 '기쁨'과 '부담' 속에서 균형을 이루어야 합니다. 이렇

1. 지금-현재 이 땅에서의 신앙인들의 종말론적인 삶(Eschatological Life)

① 복음을 전하는 삶(to Preach the Gospel)

[마가복음 16:15]
"또 이르시되 너희는 온 천하에 다니며
만민에게 복음을 전파하라"

복음을 전하는 삶이 지금-현재 이 땅에서 신앙인들이 살아야 하는 종말론적인 삶입니다. 누군가의 복음 전도로 지금 내가 예수님을 믿게 되었다는 것을 생각할 때, 신앙인들은 그의 복음 전도에 빛을 진 자들입니다. 복음을 전하는 것은 예수님께서 주신 대사명으로서, 나의 믿음을 능동적으로 표현하는 것입니다. 복음 전도는 이 땅에 그리스도의 생명과 빛을 전하는 신자의 핵심 사역입니다. 복음 전도는 영원한 생명을 주시는 하나님의 능력이 됩니다. 신앙인들이 이 일에 헌신하는 것은 예수님을 등지고 살아가는 사람에게 희망의 빛을 비추는 선한 행위입니다. 이 사실을 기억하면서 신앙인들은 빛진 자의 심정으로 복음 전도사역에 최선을 다해야 합니다.

② 분별하는 삶(to Discern)

[로마서 12:2]
"너희는 이 세대를 본받지 말고 오직 마음을 새롭게 함으로
변화를 받아 하나님의 선하시고 기뻐하시고 온전하신 뜻이
무엇인지 분별하도록 하라"

분별하는 삶도 지금 이 땅에서 신앙인들이 살아야 하는 종말론적인 삶입니다. 분별이라는 가치는 혼란과 유혹이 가득한 이 세상을 살아감에 있어서, 신자에게 나침반의 역할을 합니다. 세상의 기준을 그대로 따를 때는 하나님의 뜻을 놓치기 쉽습니다. 이것이 분별이 필요한 이유입니다. 분별은 단순히 옳고 그름을 가리는 능력이 아니라, 하나님의 음성에 귀를 기울이고 그분의 시선으로 세상을 바라보도록 하는 가치입니다. 말씀 생활과 기도 생활에 성실할 때, 신자는 작은 영역까지도 하나님의 뜻을 분별할 수 있습니다. 그렇게 옳고 그른 것을 분별하면서 흔들림 없이 앞을 향해서 나아갈 때, 신앙인들의 삶은 종말론적 소망 가운데서 밝게 빛나는 삶이 될 것입니다.

③ 흔들림 없이 주의 일에 헌신하는 삶(to Devote)

[고린도전서 15:58]
"그러므로 내 사랑하는 형제들아 견실하며 흔들리지 말고
항상 주의 일에 더욱 힘쓰는 자들이 되라
이는 너희 수고가 주 안에서 헛되지 않은 줄 앎이라"

흔들림 없이 주의 일에 헌신하는 삶이 지금-현재 이 땅에서 신앙인들이 살아야 하는 종말론적인 삶입니다. 꾸준한 헌신은 기나긴 신앙 여정에서 보석과도 같은 아름다운 가치를 갖습니다. 흔들림 없는 헌신은 우리의 신앙 여정에 견고한 디딤돌이 되어서, 신자로 하여금 어떤 폭풍우가 닥치더라도 믿음 안에 굳건히 서게 합니다. 어려움 속에서도 소망을 굳게 붙잡게 만듭니다. 나아가서 꾸준한 헌신은 주변의 성도들에게도 선한 본이 되어서, 공동체 전체가 함께 성장하는 원동력이 되기도 합니다. 흔들림이 없는 헌신은 장차 오실 주님을 기다리는 종말론적 삶의 가장 실제적인 표현입니다.

주의 일에 헌신하는 중에 마음이 지치거나 시험이 찾아올 때 어떻게 하나요? 다시금 나의 헌신을 빛나게 하는 방법에 무엇이 있을까요?

④ 자신을 거룩히 지키는 삶(to Keep Holy)

[요한일서 3:2-3]
"2 사랑하는 자들아 우리가 지금은 하나님의 자녀라 장래에 어떻게 될지는 아직 나타나지 아니하였으나 그가 나타나시면 우리가 그와 같을 줄을 아는 것은 그의 참모습 그대로 볼 것이기 때문이니 3. 주를 향하여 이 소망을 가진 자마다 그의 깨끗하심과 같이 자기를 깨끗하게 하느니라"

자신을 거룩히 지키는 삶이 지금-현재 이 땅에서 신앙인들이 살아야 하는 종말론적인 삶입니다. 거룩은 신자의 정체성입니다. 거룩을 추구하는 삶은 일상에서 신앙인다운 마음과 태도를 잃지 않게 하는 영적 훈련입니다. 거룩을 추구할 때 신자는 일상의 유혹과 죄의 매력 앞에서 자신을 지킬 수 있습니다. 말과 생각과 행동 모두에서 주님의 거룩하심을 닮아 가려고 애쓸 때, 신자의 삶은 주님께 드리는 순결한 예물이 됩니다. 나아가서 신자의 거룩 추구는 주변 사람들에게도 하나님의 거룩하심을 닮아 가게 하는 통로가 됩니다. 신앙인들은 주님의 영광을 소망하면서 이 땅에서 자신을 거룩히 지키는 삶을 사는 사람들입니다.

⑤ 의와 평강과 희락을 추구하는 삶
(Righteousness, Peace and Joy)

[로마서 14:17]
"하나님의 나라는 먹는 것과 마시는 것이 아니요

오직 성령 안에 있는 의와 평강과 희락이라"

의와 평강과 희락을 추구하는 삶도 지금-현재 이 땅에서 신앙인들이 살아야 하는 종말론적인 삶입니다. 신앙인들은 늘 하나님의 임재 가운데 의와 평강과 희락을 추구하면서 살아야 합니다. '의'는 하나님의 통치에 순종함으로써 하나님과의 관계를 바로 세우는 기초가 됩니다. '평강'은 그리스도 안에서 서로를 용납할 때 주어지는 화평의 열매입니다. '희락'은 모든 상황 속에서 성령님이 주시는 기쁨으로 인해 공동체를 밝히는 활력이 됩니다. 신앙인들이 의와 평강과 희락을 추구할 때 내가 속한 공동체가 순결해지고 웃음꽃이 끊이지 않게 됩니다. 주님의 재림을 사모하는 자들은 '의'의 가치와 '평강'의 가치와 '희락'의 가치를 소중히 여기는 사람들입니다.

⑥ 하나님 나라에 우선순위를 두는 삶
(Priority in the Kingdom of God)

[마태복음 6:33]
"그런즉 너희는 먼저 그의 나라와 그의 의를 구하라
그리하면 이 모든 것을 너희에게 더하시리라"

하나님 나라에 우선순위를 두는 삶도 지금-현재 이 땅에서 신앙인들이 살아야 하는 종말론적인 삶입니다. 신자는 삶의 우선순위를 하나님 나라에 두어야 합니다. 하나님 나라에 우선순위를 두고 살아가야 합니다. 하나님 나라에 우선순위를 두는 사람은 세상의 성취나 물질에 집착하지 않고 영원한 가치에 집중합니다. 우리의 시간과 자원을 하나님 나라를 위한 사역과 이웃 섬김에 기꺼이 투자하면서 참된 만족과 기쁨을 경험합니다. 나아가서 하나님 나라 확장을 위해서 기꺼이 마음을 열어서 다른 이들과 협력하고 연합합니다. 주님께서는 신자가 하나님 나라 구현에 우선순위를 둘 때, 필요한 모든 것을 아낌없이 더해 주시겠다고 약속하셨습니다. 하나님 나라에 우선순위를 두는 삶은 신앙인들에게 오늘을 살아가는 종말론적 삶의 목적이 어디인지를 명확하게 보여줍니다.

2. 천년왕국(Millennium)

기독교 종말론은 '천년왕국'이라는 주제를 다룹니다. 천년왕국은 예수님의 재림을 비롯하여 마지막 때에 일어날 사건들과 기간과 관련된 주제입니다. 구체적으로 말씀드리면, 천년왕국은 재림하신 예수님이 지상에서 다스리시는 '통치 기간'(1,000년 동안의 예수님의 통치)을 가리킵니다. 천년왕국 논의는 단순한 미래 예측을 넘어서, 오늘날 교회가 어떠한 소망을 품고 지낼 것인지를 방향을 정하는 중요한 토대가 됩니다. 천년왕국을 보통 셋으로 나눕니다. '전-천년설', '후-천년설', '무-천년설'

① 전-천년설(Premillennialism)

전-천년설은 요한계시록 20장을 문자적으로 해석한 것으로서, 예수 그리스도께서 재림한 후에 천년왕국이 이루어진다는 입장입니다. 천년왕국이 시작되면 예수님께서 새 시대의 통치자로서 이 세계를 직접 치리하고 다스리십니다. 이 기간 동안에 의의 왕국이 온전하게 실현됩니다. 이 시기에 성도들은 죽은 자의 부활과 함께 영광스러운 몸으로 변화되어 그리스도와 함께 통치하며, 사탄은 결박되어서 더 이상 세상을 미혹하지 못합니다. 전-천년주의자들은 예수님께서 재림하시는 목적이 천년왕국을 이루는 데 있다고 믿습니다. 전-천년설의 구체적인 내용은 다음과 같습니다. "예수님께서 재림하시는 날 전까지, 이 세상은 도덕적으로 영적으로 더욱 악화될 것이다. 세상의 온갖 악한 모습들은 이 땅에 오시는 예수님의 재림과 함께 종결이 될 것이다. 예수님의 통치와 함께 새 하늘과 새 땅이 도래할 것이다."

전-천년설을 접했을 때, 무엇을 생각하게 되나요?
① 예수님이 직접 다스리시는 의의 왕국이 이 땅에 세워진다는 소망
② 재림 전까지 세상이 더 악해진다는 전망이 현실적으로 느껴짐
③ 사탄이 완전히 결박되어 미혹이 사라진 세상을 상상하게 됨
④ 문자적으로 요한계시록 20장을 해석하는 방식에 대해서 더 깊이
　 공부하고 싶다는 생각

② 후-천년설(Postmillennialism)

후-천년설은 예수 그리스도의 재림이 천년왕국 이후에 이루어진다고 보는 견해입니다. 이 입장은 성령의 역사를 통해서 이 땅 가운데 복음 전파가 성공적으로 이루어진다고 봅니다. 복음 전파와 성령의 역사로 인해서 세상이 점진적으로 변화되면서, 교회가 영향력 있는 영적, 도덕적 개혁을 이룬다고 생각합니다. 악이 힘을 잃고 사랑과 정의가 확산되는 과정에서, 교회가 빛과 소금의 역할을 감당함으로써 세상을 변화시키는 주체가 됩니다. 그러면서 세상에 평화가 널리 퍼져나갑니다. 이 입장은 세상에 평등이 이루어지고 악이 추방되면서 점진적으로 세계가 천년왕국으로 전환될 것이라고 주장합니다. 후-천년설을 지지하는 사람들은 그리스도의 재림이 천년왕국의 말기에 있을 것이라고 주장합니다.

후-천년설을 접했을 때, 무엇을 생각하게 되나요?

① 복음 전파와 성령의 역사로 세상이 점진적으로 변화한다는 소망

② 교회가 빛과 소금의 역할을 통해서 사회를 개혁한다는 비전

③ 세상에 평화와 정의가 확산되는 과정이 현실적으로 가능한지에 대한 궁금증

④ 재림이 천년왕국 말기에 있다는 주장에 대해서 더 깊이 공부하고 싶음

③ 무-천년설(Amillennialism)

무-천년설은 천년왕국이라는 것이 없다는 견해입니다. 무-천년설은 성경에 나와 있는 '천년'을 문자적으로 해석하지 않습니다. 요한계시록 20장의 '천년'이 문자적 의미의 기간을 의미하는 것이 아니라 예수 그리스도의 통치를 상징한다고 봅니다. 이 입장에서는 천년왕국이 이미 교회 시대에 시작되어 현재 진행 중이며, 지금 예수님께서 영적으로 그의 백성들을 통치하고 계신다고 해석합니다. 사탄의 결박 또한 상징적으로 이해되며, 그리스도의 복음이 이미 악의 세력을 제어하는 능력을 발휘하고 있다고 봅니다. 무-천년설은 최후 심판과 새 하늘과 새 땅의 완성을 그리스도의 재림 시 단번에 이루어질 미래의 사건으로 봅니다. 이 견해는 종말론을 이 땅에서 지금-현재 교회가 감당하는 사명과 연결을 지으면서, 신자들이 '이미 그러나 아직'의 긴장 속에서 살아갈 것을 강조합니다.

무-천년설을 접했을 때, 무엇을 생각하게 되나요?

① 천년왕국이 이미 시작되었고 지금 교회 시대에 진행 중이라는 관점이 흥미롭다.

② 사탄의 결박을 상징적으로 해석하는 부분이 신학적으로 도전이 된다.

③ '이미 그러나 아직'의 긴장 속에서 사는 신자의 태도에 대해서 더 깊이
배우고 싶다.

④ 재림 시 최후 심판과 새 하늘과 새 땅이 단번에 완성된다는 소망이
마음에 와닿는다.

다양한 천년왕국 논의가 주는 교훈은 무엇인가요?

① 교회가 세상의 빛과 소금의 역할을 감당해야 한다는 책임 의식

② 종말을 준비하는 개인의 경건과 믿음의 훈련

③ 지금-여기에서 하나님의 나라를 미리 경험하는 삶

④ 교리적 차이를 존중하면서 본질은 재림과 영원한 나라에 있음을 기억함

지금까지 "종말 이야기"라는 주제로 성경 공부를 하였습니다. 성경 공부를 통해서 깨달은 점이나 마음에 남은 은혜나 새롭게 얻은 통찰을 간단하게 적어 보시기 바랍니다. 이 기록이 앞으로 하나님과 함께 걸어갈 믿음의 여정을 새롭게 준비하는 소중한 흔적이 될 것입니다.

예시

성경 공부를 통해서 종말이 단순히 먼 미래의 사건을 얘기하는 것을 넘어서, 오늘의 삶에 깊이 연결된 신앙의 주제임을 알게 되었습니다. 다양한 천년왕국 해석을 접하면서 재림에 대한 신학적 시야가 넓어졌고, 지금-현재를 더욱 경건하고 충실하게 살아야 할 이유를 발견했습니다. 그리고 하나님 나라의 시선으로 오늘을 살아가는 것이 곧 종말론적 삶이라는 사실이 마음에 깊이 남습니다.

성경 공부 시리즈 믿음의 나무 4

참고도서

고딘 도널드 피, 오광만 역.『성경을 어떻게 읽을 것인가』, 성서유니온선교회, 2004.

김균진.『죽음의 신학』, 대한기독교서회, 2010.

김도훈.『길 위의 하나님:일상, 생명, 변증의 눈으로 보는 신학』, 조이웍스, 2014.

김동건.『모든 사람에게:김동건의 신학이야기』, 대한기독교서회, 2014.

김동건.『그리스도론의 미래』, 대한기독교서회, 2020.

김명용.『이 시대의 바른 기독교 사상』, 장로회신학대학교출판부, 2001.

김명용.『죽음 이후에는 어떻게 될까?』, 온신학출판사, 2024.

김명용.『현대의 도전과 오늘의 조직신학』, 장로회신학대학교출판부, 1997.

김지철.『우리가 만날 예수』, 두란노, 2018.

김지철 외.『성령과 교회』, 장로회신학대학교출판부, 1998.

맥그라스 알리스터, 김기철 역.『신학이란 무엇인가:Reader』, 복있는사람, 2021.

다니엘 레슬리 밀리오리, 신옥수 역.『기독교 조직신학 개론:이해를 추구하는 신앙』, 새물결플러스, 2021.

마이클 제임스 고먼, 박규태 역.『요한계시록 바르게 읽기:시민 종교를 거부하는 참된 예배와 증언』, 새물결플러스, 2021.

민영진.『히브리어에서 우리말로』, 도서출판두란노, 1996.

바빙크 헤르만, 박태현 역.『개혁교의학 1』, 부흥과개혁사, 2011.

박찬국.『니체와 하이데거』, 도서출판 그린비, 2016.

백충현.『내재적 삼위일체와 경륜적 삼위일체』, 새물결플러스, 2015.

소광희 외.『인간에 대한 철학적 성찰』, 문예출판사, 2014.

스탠리 제도크 그렌츠, 신옥수 역.『조직신학:하나님의 공동체를 위한 신학』, 크리스챤다이제스트, 2003.

신옥수.『이토록 따스한 성령님』, WPA, 2023.

신현우.『사본학 이야기:잃어버린 원문을 찾아서』, 웨스트민스터출판부,

2005.

안토니 앤드루 후크마, 류호준 역.『개혁주의 인간론』, 기독교문서선교회, 1993.

윤철호.『너희는 나를 누구라 하느냐』, 대한기독교서회, 2003.

윤철호.『인간:인간의 본성과 운명에 관한 학제간 대화』, 새물결플러스, 2017.

윤철호 외.『신학과 과학의 만남』, 새물결플러스, 2021.

윤철호 외.『신학과 과학의 만남 2』, 새물결플러스, 2022.

윤철호 외.『신학과 과학의 만남 3』, 새물결플러스, 2023.

위르겐 몰트만, 김균진 역.『과학과 지혜:자연과학과 신학의 대화를 위하여』, 2003.

이안 그레이엄 바버, 김연수 역.『자연 인간 그리고 하나님:실재에 대한 통전적 앎을 위한 과학과 신학의 연대』, 샘솟는기쁨, 2024.

정성욱.『스피드 조직신학』, 홍성사, 2006.

제임스 이넬 패커, 정옥배 역.『하나님을 아는 지식』, 한국기독학생회출판부, 2003.

존 로버트 왈름슬리 스토트, 정옥배 역.『비교할 수 없는 그리스도』, 한국기독학생회출판부, 2003.

진교훈 외.『인격:고대로부터 현대에 이르기까지의 인격의 의미』, 서울대학교출판문화원, 2014.

최윤배.『개혁신학 입문』, 장로회신학대학교출판부, 2015.

최윤배.『조직신학 입문』, 장로회신학대학교출판부, 2013.

최윤배.『깔뱅신학 입문』, 장로회신학대학교출판부, 2012.

케네스 보아, 이정곤 역.『하나님, 그것이 알고 싶어요』, 기독교문화사, 1994.

테렌스 L. 니콜스, 김연수 역.『죽음과 죽음 이후:그리스도인의 위대한 희망, 죽음을 어떻게 대할 것인가?』, 샘솟는기쁨, 2024.

폴 헬름, 이승구 역.『하나님의 섭리』, IVP, 2009.

피터 젠센, 김재영 역.『하나님의 계시』, IVP, 2008.

한스 요아힘 크라우스, 박재순 역.『조직신학:하나님의 나라, 자유의 나라』, 한국신학연구소, 2000.

헤르만 바빙크, 박태현 역. 『개혁교의학 1』, 부흥과개혁사, 2011.

현요한. 『성령 그 다양한 얼굴』, 장로회신학대학교출판부, 1998.

Dudley C. Gould. 『Science and the Soul』, Paragon House, 1996.

Hans Schwarz. 『Eschatology』, Eerdmans Publishing Company, 2000.

John Walter Cooper. 『Body, Soul, and Life Everlasting』, Eerdmans Publishing Company, 2000.

Keith Ward. 『Religion & Human Nature』, Oxford University Press, 1998.

Louis Berkhof. 『Systematic Theology』, Eerdmans Publishing Company, 1996.

Nancey Murphy. 『Bodies and Souls, or Spirited Bodies?』, Cambridge University Press, 2006.

Richard Lints. 『Personal Identity in Theological Perspective』, Eerdmans Publishing Company, 2006.

함께 나누어요 - 정답

[1과]
1. 모두 답이 될 수 있음
2. 모두 답이 될 수 있음
3. 모두 답이 될 수 있음
4. 모두 답이 될 수 있음
5. 모두 답이 될 수 있음
6. 주관식 예시 답변 - "주변 사람들을 '당연한 존재'로 여긴 적이 많았음을 고백합니다. 앞으로 그들에게 고맙다는 말, 수고했다는 말을 더 자주 진정성 있게 전하려고 노력하겠습니다."
7. 모두 답이 될 수 있음
8. 모두 답이 될 수 있음
9. 주관식 예시 답변 - "인터넷과 SNS도 '이중의 가능성'을 가진 창조물이라고 생각합니다. 복음을 전하고 좋은 정보를 나누는 도구가 될 수 있지만, 거짓과 중독과 비교를 부추기는 통로가 되기도 합니다. 그래서 무엇을 보고, 무엇을 나눌지에 대해서 늘 분별이 필요하다고 생각합니다."
10. ① ③ ④
11. 모두 답이 될 수 있음
12. 모두 답이 될 수 있음

[2과]
1. ③
2. 주관식 예시 답변 - "저는 회심이 '한 번의 사건'이면서도 또한 '평생 이어지는 회개의 여정'을 포함한다고 생각합니다. 처음 예수님을 믿기로 결단한 순간 이후에도 매일 마음을 새롭게 하면서 하나님께로 방향을 돌이켜야 하기 때문입니다."
3. 주관식 예시 답변 - "제 안에 남아 있는 죄의 습성을 볼 때마다, 먼저 그것을 부인하지 않고 인정하며 하나님 앞에서 솔직히 회개하는 것이 중요하다

고 느낍니다. 숨기지 않고 하나님께 가져갈 때, 죄의 힘이 조금씩 약해지는 경험을 합니다.”

4. 모두 답이 될 수 있음

5. 모두 답이 될 수 있음

6. ③

7. 주관식 예시 답변 - “저는 일을 통해서 제 성품의 약점과 한계를 자주 보게 됩니다. 올바른 노동관을 갖기 위해서 더 겸손하게 일에 임하고, 일을 시작하기 전에 기도하며 하나님의 도우심을 구하는 습관을 가지려고 노력하겠습니다.”

8. 주관식 예시 답변 - “저는 ‘환경을 지키는 일도 하나님 사랑과 이웃 사랑의 실천이라’는 관점을 마음에 새기고 싶습니다. 그래서 가정과 교회와 직장에서 내가 버리는 작은 쓰레기 하나, 아끼는 자원 하나가 하나님께 대한 책임 있는 응답이라는 믿음으로 살아가겠습니다.”

9. 모두 답이 될 수 있음

10. 모두 답이 될 수 있음

[3과]

1. ③

2. 주관식 예시 답변 - “우리는 아무 자격도 없는데 믿기만 하면 구원을 받으니 구원이 ‘공짜’처럼 느껴지는 것이 사실입니다. 그러나 그 이면에 하나님의 엄청난 사랑과 희생이 있음을 항상 기억해야 한다고 생각합니다.”

3. 모두 답이 될 수 있음

4. 주관식 예시 답변 - “칭의의 주체가 하나님이시기 때문에, 구원이 내 감정이나 상태에 따라서 달라지지 않는다는 것이 큰 평안이 됩니다. 나의 구원받음이 ‘그분의 선언에 근거한 구원’이기에, 오늘도 확신 가운데 신앙생활을 할 수 있습니다.”

5. 모두 답이 될 수 있음

6. 모두 답이 될 수 있음

7. 모두 답이 될 수 있음

[4과]

1. 주관식 예시 답변 - "세 위격의 협력은 구원을 위해서 각기 다른 역할을 맡아서 일하시는 것 같다고 생각됩니다. 아버지는 '계획하시고', 아들은 '순종으로 이루시고', 성령은 '우리에게 깨닫게 하시면서 우리를 붙들어 주십니다.'"
2. 모두 답이 될 수 있음
3. 주관식 예시 답변 - "하나님께서는 먼저 예수 그리스도를 믿는 우리 신자들을 통해서 당신의 구원 계획을 이루어 가신다고 믿습니다. 연약하지만 복음을 붙든 채 살아가는 우리의 삶과 입술을 하나님께서 사용하신다고 생각합니다."
4. 모두 답이 될 수 있음
5. 모두 답이 될 수 있음
6. 모두 답이 될 수 있음
7. 주관식 예시 답변 - "관계의 갈등으로 마음이 많이 상했던 시기에, 말씀 묵상 중에 먼저 용서하라는 하나님의 음성을 들었습니다. 말씀에 순종해서 그분에게 먼저 사과 전화를 드렸을 때, 끊어졌던 관계가 회복되는 놀라운 일을 경험했습니다."

[5과]
1. 주관식 예시 답변 - "힘들고 답답한 일이 생겨서 힘이 들 때마다, 언젠가 주님 안에서 모든 눈물이 닦이게 될 것을 생각하며 마음을 다잡습니다. 그 소망이 없었다면 벌써 주저앉았을 것 같다는 생각을 자주 합니다."
2. 주관식 예시 답변 - "천국을 건강하게 상상할 때, 비교와 시기 대신 '하나님 앞에서의 영원한 기쁨'을 바라보게 됩니다. 그 소망이 나의 마음을 부드럽게 하면서, 오늘을 더 사랑하고 다른 이를 용서하는 마음의 여유를 갖도록 이끌어주는 것 같습니다."
3. 주관식 예시 답변 - "성령님만 의지하는 사람에게는 '하나님이 일하시도록 내가 움직이는 순종'이 필요합니다. 반대로 자기 노력만 의지하는 사람에게는 '하나님이 이미 내 안에서 역사하고 계심을 신뢰하는 쉬는 믿음'이 필요합니다."
4. 모두 답이 될 수 있음
5. 주관식 예시 답변 - "영화의 소망을 품고 사는 신자에게 합당한 삶은 사람

들을 대할 때 더 인내하고 사랑하려고 노력하는 삶이라고 생각합니다. 그들 모두가 언젠가 주님 앞에서 함께 만날 형제자매라는 사실을 생각하면, 사람을 쉽게 포기하지 않게 됩니다."

6. 모두 답이 될 수 있음

7. ③

8. ②

[6과]

1. 모두 답이 될 수 있음

2. 주관식 예시 답변 - "교회가 사회의 아픔에는 둔감하면서, 내부의 이익만 챙기는 모습이 세상 사람들에게 비칠 때 권위가 무너진다고 생각합니다. 교회가 다시 약한 사람들 곁으로 나아가 섬기고, 정의와 사랑을 실천할 때 신뢰가 회복될 것 같습니다."

3. 모두 답이 될 수 있음

4. 모두 답이 될 수 있음

5. 모두 답이 될 수 있음

6. 주관식 예시 답변 - "잦은 설교 사역이 부담이 되지 않도록, 교역자들이 말씀 준비에 집중할 수 있는 환경을 만들어 드리는 것이 필요하다고 생각합니다. 과중한 업무 때문에 지치지 않는 환경을 마련해 드려서, 그분들이 보람 가운데 사역을 감당해나가시면 좋겠습니다."

7. ③

8. 모두 답이 될 수 있음

[7과]

1. 모두 답이 될 수 있음

2. 주관식 예시 답변 - "교회마다 형식은 다를 수 있지만, 적어도 '세례 후에 바로 공동체에 잘 정착할 수 있을 정도'의 기본 교육은 이루어져야 한다고 생각합니다. 예배, 기도, 말씀, 교제에 대한 안내까지 함께 포함된 세례 교육이 이상적이라 느낍니다."

3. 모두 답이 될 수 있음

4. 주관식 예시 답변 - "먼저 각자가 주님 앞에서 정직하게 서는 시간이 필요

하다고 생각합니다. 하나님께 받은 사랑과 용서를 순간 순간 기억할 때, 성도들이 서로를 더 따뜻하게 대할 힘이 생기는 것 같습니다."

5. 주관식 예시 답변 - "우리 교회가 이미 하고 있는 선교와 전도의 방식을 먼저 정확히 돌아보고, 무엇이 잘되고 무엇이 부족한지를 점검하는 시간이 필요하다고 생각합니다. 그 위에 말씀과 기도를 중심에 두고 방향을 계속 바로잡을 때 더 열매 맺는 사역이 될 것 같습니다."

6. 모두 답이 될 수 있음

[8과]

1. 주관식 예시 답변 - "'전도 집회'라는 이름 대신 '이웃 초청 감사 예배'나 '가족 축제 예배' 같이, 단어의 이름을 바꾸었을 때 가족과 이웃을 초청하기가 훨씬 수월했습니다. 단어와 형태는 달라졌지만, 이러한 변화를 통해서 복음을 듣는 이들이 많아지는 것을 경험했습니다."

2. 모두 답이 될 수 있음

3. 주관식 예시 답변 - "하나님께서 애굽에서 건져 내시고 광야에서 친히 인도해 주셨지만, 그들은 자주 원망하고 우상에게 마음을 빼앗기곤 했습니다. 그들처럼, 하나님의 은혜를 체험하고도 쉽게 불평하는 이스라엘과 같은 모습이 나에게도 나타남을 보면서 회개하게 됩니다."

4. ②

5. 주관식 예시 답변 - "성도들 사이에서 서로 생각이 달라 갈등이 생길 때일수록, 하나님을 같은 아버지로 모신 한 가족임을 기억해야 한다고 느낍니다. 그렇게 서로가 서로를 형제자매로 바라보면, 말과 태도가 많이 달라질 것 같습니다."

6. ④

7. 주관식 예시 답변 - "그리스도를 머리로 모신 교회에서는 각 지체가 자기 역할만 고집하지 않고 필요에 따라서 기꺼이 돕는 모습이 나타난다고 생각합니다. 나의 은사가 나를 빛내기 위한 수단이 아니라, 머리 되신 주님을 드러내기 위한 도구라는 사실을 항상 기억하고 싶습니다."

[9과]

1. 모두 답이 될 수 있음

2. 모두 답이 될 수 있음

3. ①

4. ②

5. 주관식 예시 답변 - "저는 죽음을 오랫동안 두렵고 피하고 싶은 사건으로만 생각해 왔습니다. 그러나 신자에게 죽음이 믿음 안에서 하나님 품으로 돌아가는 '통로'라는 것을 배우면서 죽음관이 달라졌습니다. 지금 저는 죽음에 대한 두려움과 소망이 함께 있는 복잡한 심정을 가지고 있습니다."

6. ②

7. 모두 답이 될 수 있음

8. ③ ④

9. 주관식 예시 답변 - "'정화의 고통'이라는 표현이 성화의 과정을 떠올리게 해서 이해는 되지만, 그 무대가 죽음 이후의 연옥이라기보다는 '지금 이 땅에서의 삶'이라고 믿고 있습니다. 저는 오늘 나에게 주어진 자리에서 말씀과 성령님의 은혜 안에서 정결해지는 삶을 사는 것이 더 중요하다고 생각합니다."

10. 모두 답이 될 수 있음

[10과]

1. 모두 답이 될 수 있음

2. ① ③ ④

3. 모두 답이 될 수 있음

4. 주관식 예시 답변 - "지옥의 한시성을 주장하는 사람들의 마음에는 '모든 사람이 결국 구원받았으면 좋겠다'는 바람이 담겨져 있는 것 같습니다. 그 마음을 이해는 하지만, 중요한 것은 내 생각이 아니라 성경이 증언하는 하나님 말씀에 기초해서 결론을 끄집어내야 한다고 생각합니다."

5. 주관식 예시 답변 - "재림의 징조를 생각하면 불안하기보다, 오히려 '끝을 아는 사람'으로서 소망 가운데 살게 된다는 마음이 듭니다. 그 소망이 힘이 들 때도 나의 믿음을 지키고, 거룩을 향해 한 걸음 더 나아가게 하는 원동력이 되는 것 같습니다."

6. 주관식 예시 답변 - "저는 재림이 '눈에 보이게, 실제로, 역사 속에' 일어난다는 점이 중요하다고 믿습니다. 그리스도의 재림이 막연한 상징이 아니라

'실제 사건'이라는 믿음이 오늘의 제 삶을 더 진지하게 만들기 때문입니다.”

[11과]
1. 모두 답이 될 수 있음
2. 주관식 예시 답변 - “지칠수록 사역의 열매보다 ‘주님과의 관계’를 다시금 점검해야 할 것 같습니다. 말씀과 기도의 자리를 찾아서 주님을 바라볼 때 다시금 마음의 중심이 조금씩 회복되어 갈 것 같습니다.”
3. 모두 답이 될 수 있음
4. 모두 답이 될 수 있음
5. 모두 답이 될 수 있음
6. 모두 답이 될 수 있음
7. 모두 답이 될 수 있음